Eileen Herzberg:
Praktisches Handbuch der Geistheilung

W0060837

Eileen Herzberg

Praktisches Handbuch der Geistheilung

Aquamarin Verlag

\

Titel der englischen Originalausgabe:

Spiritual Healing – A Patients Guide

© Eileen Herzberg
(Thorsons Publ. Group, England)

Deutsche Übersetzung von Dr. Edith Zorn

Titelbild von Wivica

1. Auflage 1989
© Aquamarin Verlag
Voglherd 1, D- 8018 Grafing

Druck: Wiener Verlag, Himberg
Herstellung: P + P Lichtsatz GmbH, Grafing

ISBN 3-922936-84-9

Inhalt

Danksagung

Herzlichen Dank jenen, die mich beim Schreiben dieses Buches unterstützten. Mein besonderer Dank gilt Dr. Roger Lichy und Cathy Savage für ihre Hilfe, Ermutigung und konstruktive Kritik.

Jessica Macbeth war eine der ersten, die mich in die Welt des geistigen Heilens einführte. Sie verbrachte beim Verfassen dieses Buches viele Stunden damit, mir zu helfen, mit mir selbst und dem Manuskript ins Reine zu kommen. Danke Jessica.

Danken möchte ich auch der National Federation of Spiritual Healers, dem Bristol Cancer Help Centre - insbesonders Pat und Christopher Pilkington - sowie den zahlreichen Organisationen und Menschen, die geduldig meine vielen Fragen bezüglich der Nachforschungen zu diesem Buch beantwortet haben.

Einleitung

Ich hoffe sehr, daß dieses Buch alle Ihre Fragen hinsichtlich des geistigen Heilens klären wird, und Sie dadurch Ihr Leben besser gestalten können.

Bei meinen Nachforschungen mußte ich eine klare Auswahl treffen. Meine besonderen Abneigungen und Vorlieben führten zu unnötigen Komplikationen, und da geistiges Heilen einfach und unkompliziert ist, habe ich mich bemüht, dem zu entsprechen. Ziel des Buches ist es, geistiges Heilen zu entmystifizieren und jenen Menschen, die etwas mehr darüber wissen möchten, einen Einblick zu verschaffen, ehe sie es ausprobieren.

Mein eigenes Interesse für geistiges Heilen erwachte vor etwa sieben Jahren. Ein Jahr lang bereiste ich Amerika. Bei meiner Ankunft in San Diego, Kalifornien, gab mir jemand eine Kopie des Buches „Joy's Way" (dt.: Weg der Erfüllung, Interlaken 1985). Dieses spezielle Buch handelt von Dr. Brugh Joys Heilerfahrungen und gab mir den Anstoß, mehr über diese Dinge zu lernen. Ich hoffe, das vorliegende Buch bewirkt das gleiche bei Ihnen.

Kapitel 1

Geistiges Heilen kann von unterschiedlichen Gesichtspunkten her betrachtet werden: ein Priester wird seinen Ursprung in Gott ansetzen; für einen Wissenschaftler wird es durch das meßbare Phänomen veränderlicher Gehirnwellenmuster charakterisiert; für eine Krankenschwester bedeutet es die Praxis des „Therapeutic Touch", und für den Patienten selbst ist es wohl der dünne Strohhalm, nach dem er greift.

Geistiges Heilen an sich ist sehr schlicht und unkompliziert. Es ist tatsächlich einfacher, diesen Vorgang zu praktizieren, als ihn zu beschreiben, denn die Erfahrung spricht für sich selbst - problematisch ist nur die sprachliche Darlegung.

Eine der besten Definitionen des geistigen Heilens, die ich fand, stammt von Alec Forbes, einem der Väter moderner holistischer Medizin in Großbritannien. Er sagt: „Geistiges Heilen erreicht jene Bereiche, zu denen andere Therapien keinen Zugang finden." Christopher Pilkington, seines Zeichens Heiler, Vorstandsmitglied und Mitbegründer des Krebs-Zentrums in Bristol, erklärte: „Der geistige Aspekt dieser Heilweise liegt darin, daß sie zu den spirituellen Wurzeln der Persönlichkeit vordringt. Ziel des geistigen Heilens ist die vollkommene Heilung aller Aspekte des Menschen."

Ausgefallene Begriffe, wie Energieübertragung durch Bioplasma- oder elektromagnetische Felder, können wohl die Aufmerksamkeit der Wissenschaftler erregen, doch solange sie nicht zur Fachsprache gehören,

bleibt es bloßes Kauderwelsch für sie. Religiös einge-
stellten Menschen mag "die Kraft des Gebetes" vertraut sein, andere hingegen bleiben an diesem Begriff
hängen. Für viele Menschen besitzen die Worte "geistiges Heilen" einen unangenehmen Beigeschmack.
Ehe wir im einzelnen darauf eingehen, was geistiges
Heilen *ist*, sollten wir vielleicht klarstellen, was es *nicht*
ist.
Geistiges Heilen hat ebensowenig etwas mit Spiritualismus zu tun wie mit Katholizismus oder irgendeinem
anderen Glaubenssystem. Die Verwirrung beruht auf
dem Sprachgebrauch. Das Wort "geistig" steht für
verschiedenste Begriffsinhalte. Sicherlich erweist es
sich als sehr schwierig, den Unterschied zwischen dem
einen und dem anderen eindeutig festzulegen, wenn
die Erfahrung fehlt. Es erscheint daher wichtig, jenen
Begriff zunächst einmal von seinem Mythos zu befreien und zu klären, wer was, wie und warum tut. Das
Oxford Lexikon gibt folgende Definition: „Spiritualismus ist der Glaube an verstorbene Seelen, die mit
Menschen Kontakt aufnehmen können und sich ihnen, vor allem während Seancen, zeigen können."
Allein das Wort "Seance" veranlaßt viele Leute, sich
erschreckt abzuwenden. Doch Leben ist nicht so pri-
mitiv und folgt gewiß nicht den festgelegten Definitionen eines Lexikons. Ziehen wir den metaphorischen
Schleier beiseite und schauen genauer hin, dann erkennen wir, daß der Spiritualismus, ebenso wie zahlreiche Religionen, auf der Vorstellung von einem Leben nach dem Tode basiert. Der Unterschied liegt nur
darin begründet, daß der Spiritualismus sich eines Mediums bedient, um Botschaften zwischen dieser und

jener Welt zu vermitteln. Sicherlich erhalten viele Menschen dadurch Trost und Ermutigung; wirkliches Heilen jedoch ist etwas völlig anderes.

Auch unterscheidet sich das Wirken eines Mediums vom Vorgang des Heilens; da es aber Teil der spiritualistischen Bewegung ist, wird es als eine der verschiedenen Arten geistigen Heilens verkauft.

So wie physisches Heilen die rein körperlichen Beschwerden angeht, beschäftigt sich geistiges Heilen in erster Linie mit dem Geist. Dieses Wort "Geist" kann allerdings sehr umstritten sein. Jedes Wort, das wir gebrauchen, besitzt seine eigene Kraft. Der Ausdruck „Geist" umfaßt mehr Bedeutungen als die meisten anderen Worte, was eine präzise Definition erschwert. Wir benutzen diesen Begriff größtenteils, ohne weiter darüber nachzudenken - Kampfgeist, Teamgeist, hohe bzw. niedere geistige Ebene - rein instinktiv fühlen wir die feinen Unterschiede, obgleich wir sie nicht unbedingt erklären können. Viele, die den Film „Chariots of Fire" sahen oder auch nur seine Titelmelodie hörten, fühlten eine Woge menschlichen, geistigen Stolzes - sie fühlten sich förmlich geistig emporgehoben.

Das *Kleine Oxford Lexikon* bezeichnet Geist als das Leben an sich, das Lebensprinzip. Das *Oxford Lexikon* geht ausführlicher auf diesen Begriff ein - Geist wird als die intelligente bzw. immaterielle Komponente des Menschen, seine Seele, definiert. Beim Durchblättern des *Roget Thesaurus* fallen mir einige interessante Wörter auf - Synonyme für Geist und Seele. Die vollständige Liste ist recht lang und weitschweifig, daher möchte ich lediglich diejenigen Begriffe aufzählen, die mir am meisten zusagen - Essenz, Quintessenz, Vitalität, Lebensfrische, Energie, Elan, Lebendigkeit, Schwung, Begeisterung, 'Schmiß', Antriebskraft, Leben, Kraft, Lebensfunke, geistiger Aspekt, Prägnanz, Lichtfunke und Lebhaftigkeit.

Beim täglichen Umgang mit jenen Worten verbinden wir diese nicht immer mit dem Begriff Geist im höheren Sinne. Im Gegenteil, alles, was den Anstrich von Geist oder geistig besitzt, wird vielfach heruntergespielt. Denken wir an einen spirituellen Menschen, so haben wir eher einen Priester oder Mönch vor Augen als eine lebenssprühende, energievolle Person.

Wir sind geneigt, das Leben durch unseren Körper, unsere Emotionen und unseren Intellekt zu erfahren, weniger mit unserem ganzen Wesen, unserem Geist. Die Vorstellung von der Geistigkeit des Seins schwand allmählich aus unserem gewöhnlichen Alltagsleben. Es geschieht sehr leicht, daß wir uns mit unseren Einzelaspekten zu stark identifizieren und die geistige Komponente aus den Augen verlieren. Es gibt eine psychosynthetische Übung, mit deren Hilfe wir uns aus dieser Enge befreien und Zugang zu unserem Innersten, dem Geist, finden können. Die Übung wird im Anhang (S. 101) ausführlich beschrieben. Wesentlich ist jedoch, daß wir folgende Punkte erkennen :

Ich besitze einen Körper, aber ich bin nicht mein Körper.

Ich habe Emotionen, aber ich bin nicht meine Emotionen.

Ich verfüge über einen Intellekt, aber ich bin nicht mein Intellekt.

Was geschieht, wenn wir uns von Verstand, Körper

und Gefühl gelöst haben ? Was bleibt übrig ? Es *bleibt* etwas zurück, und dieses Etwas kann man als Geist bezeichnen.

Denken wir an einen Menschen, den wir lieben (oder hassen), dann müssen wir uns nicht unbedingt sein Gesicht und seine Kleidung ins Gedächtnis rufen oder das, was er sagt bzw. tut. Wir denken an sein Wesen, seinen geistigen Aspekt. Diese Essenz oder Lebenskraft ist besonders deutlich in Pflanzen oder Blumen sichtbar. Solange sie noch in der Erde wächst, sprüht die Pflanze vor Energie, wird sie jedoch abgebrochen, dann schwindet die Lebenskraft zusehends dahin. Dabei handelt es sich nicht um den rein physischen Vorgang des Welkens. Aufblühen und Vergehen bilden in gewisser Hinsicht eine Einheit.

Erstaunlicherweise ist auch die unbelebte Materie 'beseelt'. Manche Häuser strahlen Wärme und Gastlichkeit aus, andere hingegen wirken düster und unheilverkündend. Diese Dinge gehen auf tiefere Ursachen zurück, als es der allgemeine bauliche Zustand oder der äußere Anstrich, sei er nun braun oder weiß, vermuten ließen. Es gibt zweifellos etwas, ein sogenanntes Elemental, das Menschen dazu veranlaßt, Wohnhäuser mit abgeblätterten, scheußlichen Tapeten und verrotteten, undichten Dächern zu erstehen, während durchaus respektabel aussehende Gebäude sehr lange auf einen Käufer warten müssen. Jeder, der ein besonderes Auto besessen hat, weiß, wie stark das geistige Elemental eines leblosen Gegenstandes sein kann. Mein erstes Auto, ein VW-Käfer mit dem Namen Vicky, besaß ein so freundliches Elemental, daß der

Wagen mir noch lange diente, obgleich er, technisch gesehen, nicht mehr zu reparieren war.

Die Vorstellung von der Geistigkeit der belebten und auch unbelebten Materie ist keineswegs Einbildung oder Phantasie. Die Kirlian-Photographie bewies eindeutig, daß alle Gegenstände ganz bestimmte Energiefelder besitzen. Bekannt auch als Elektro- oder Hochspannungsphotographie, wurde sie im Jahre 1939 von den beiden Russen Semyon und Valentine Kirlian entdeckt. Eine Hochspannungsladung wird durch lichtempfindliches Papier geschickt und macht um jeden photographierten Gegenstand ein Energiefeld sichtbar. Dabei wird keine Lichtquelle benutzt, dennoch bringt dieser Vorgang einen Strahlenkranz hervor, einen Lichtschein bzw. ein Energiefeld.

Sowohl unbelebte Gegenstände, wie Münzen, Bleistifte oder Scheren, als auch lebende Dinge, z.B. Pflanzen und menschliche Hände, besitzen eine Korona, die sie umgibt und welche mittels der Kirlian-Photographie sichtbar gemacht wird. Es konnte gezeigt werden, daß dieses Feld sich der Vitalenergie des Gegenstandes entsprechend verändert. Ein frisch gepflücktes Blatt besitzt einen ausladenden Lichtkranz, der immer kleiner wird, je mehr das Blatt austrocknet und schließlich stirbt. Ähnlich variiert auch das Energiefeld, welches eine Hand umgibt, da es von der Gesundheit und Vitalität des einzelnen Menschen abhängt.

Die Begeisterung für die Kirlian-Photographie kommt und geht. Wissenschaftler diskutieren über die eigentliche Natur dessen, was sie enthüllt. Wie auch immer die Beweisführung letztendlich ausfallen wird, Tatsache ist, daß es mehr gibt als das, was unser bloßes

Auge wahrzunehmen vermag. Eines allerdings steht fest, die Haut ist sicherlich nicht die äußerste Begrenzung des Menschen. Eine Möglichkeit, dieses Phänomen selbst zu erfahren, vermittelt eine Übung, die häufig während Heilungs-Workshops durchgeführt wird.

Setzen Sie sich aufrecht in einen bequemen Stuhl, die Füße flach auf dem Boden. Um die Konzentrationsfähigkeit zu erhöhen, ist es im allgemeinen vorteilhaft, die Augen zu schließen. Führen Sie Ihre Handinnenflächen nahe zueinander, jedoch ohne sie zu berühren. Es gleicht einem langsamen, lautlosen und schablonenhaften Zusammenklatschen. Spielen Sie mit dem Abstand zwischen Ihren Händen, die nur wenige Zentimeter voneinander entfernt sind. Wie fühlt es sich an?

Führen Sie Ihre Hände nun soweit auseinander, wie sie können; bringen Sie sie dann wieder dicht zueinander und spielen erneut mit dem verbleibenden Zwischenraum. Dieses "Dazwischen" mag sich warm oder prickelnd anfühlen, vielleicht auch wie ein Energieball, gleichsam undurchdringlich. Es kann auch sein, daß Sie Ihre Handrücken intensiver spüren. Jeder Mensch empfindet es unterschiedlich.

Diese Übung läßt Sie auf einfachste Weise jenen Aspekt Ihrer selbst erfahren, der weder Verstand, noch Körper oder Gefühl ist. Man könnte ihn Prana, Geist, Energie, Lebenskraft, ja sogar Bioplasmakraft oder elektromagnetisches Feld nennen.

Aus eigener Erfahrung weiß ich, daß die energetische Qualität und Quantität zwischen meinen Händen sehr stark davon abhängt, ob ich gesund oder krank, müde

17

oder erfrischt bin. Doch welche Rolle spielt diese Energie im gesamten Heilungsprozeß, und was genau ist nun geistiges Heilen?

Die moderne 'orthodoxe' Medizin setzt ganze Bataillone ein, um die Krankheit zu bekämpfen - es mutet fast wie ein Kriegsbündnis an. Geistiges Heilen greift nicht nach scharfen äußerlichen Geschützen; es unterstützt von innen her die körpereigenen Abwehrkräfte. Ein gesunder Organismus bekämpft Bakterien und Viren, ja sogar Krebs. Fügen wir uns eine Schnittwunde zu, dann verstopft unser Abwehrmechanismus den Spalt, und die körpereigenen Wiederaufbaukräfte können beginnen, ein neues Bindegewebe aufzubauen.

Der Kampf gegen die Krankheit kann unseren Körper in ein Schlachtfeld verwandeln, wobei die Temperatur im Gefecht steigt. Doch dieser Vorgang findet oft unbemerkt statt, so daß wir uns dessen nicht einmal bewußt sind. Bei älteren Menschen zeigt häufig erst das Blutbild anhand der gebildeten Antikörper ein überstandenes Drüsenfieber. Es war wohl zu einem bestimmten Zeitpunkt aufgetreten, und der Körper hatte sich still damit auseinandergesetzt, ohne daß es wahrgenommen wurde.

Der Abwehrmechanismus ist stets im Einsatz, ganz gleich, ob dies durch eine Reihe von Symptomen sichtbar wird oder unbemerkt geschieht. Warum aber reagieren verschiedene Menschen bzw. Immunsysteme, die der gleichen Gefahr ausgesetzt sind, auf so unterschiedliche Weise? Warum zeigt nicht jeder, der mit Erkältung, Drüsenfieber oder Malaria konfrontiert wird, die gleiche Reaktion?

Das Alter spielt sicherlich eine maßgebende Rolle. Kleinkinder und Säuglinge fiebern recht schnell und sind einige Tage sehr krank, erholen sich aber rasch wieder. Ältere Menschen, besonders sehr alte, sind empfänglicher für langwierige Krankheiten und leiden eher unter anhaltenden Schmerzen als unter akutem Fieber. Kleinkinder und Säuglinge verfügen über starke Vitalkräfte und Abwehrmechanismen. Ihr hoher Energiepegel und ihr Kampfgeist verkürzt die Auseinandersetzung mit der Krankheit, begrenzt sie in einem akuten Stadium. Ältere Menschen besitzen langsamere und schwächere Vitalkräfte, was den gesamten Krankheitsprozeß schleppend und oft chronisch werden läßt.

Es liegt ein Fünkchen Wahrheit in dem Ausspruch: "Er ist zu langsam, um eine Erkältung aufzufangen." Sehr kranke Menschen leiden selten unter Erkältungskrankheiten, da ihr Körper zu schwach ist, die Symptome zu äußern.

Es gibt offensichtlich noch mehr Faktoren, welche auf die menschliche Vitalkraft einwirken können, die ihrerseits jedoch den Körper befähigt, sich selbst zu heilen. Geistiges Heilen, wie auch Akupunktur und Homöopathie, befassen sich unmittelbar mit der Vitalkraft und sind direkt auf den Selbstheilungsprozeß ausgerichtet.

Es handelt sich gewiß um keinen Zufall, daß die beiden Krankheiten, welche die moderne konventionelle Medizin ängstigten und überlisteten, Krebs und AIDS sind. In beiden Fällen liegt der körperliche Abwehrmechanismus brach. Seine Wirkungsweise ist der modernen Medizin zwar bekannt, ja man weiß sie sogar mittels Steroiden zu unterdrücken bzw. lahmzulegen, doch die mechanisch-physikalische Medizin vermag den Selbstheilungsprozeß nicht wieder zu aktivieren, hat sie ihn erst einmal abgebrochen. Die Triebfeder jedes physischen Abwehrsystems ist die geistige Komponente. Das geistige Prinzip, die Vital- oder Lebenskraft, bildet das Arbeitsfeld von Akupunktur und Homöopathie. Die unmittelbare Einwirkung auf die Lebensenergie führt zu einer Ausbalancierung von Verstand, Körper, Emotionen und Geist. Geistiges Heilen verfährt in gleicher Weise, es arbeitet direkt mit der Lebenskraft. Manche Menschen verstehen darunter den Lebensstrom, andere wiederum bioplasmatische bzw. elektromagnetische Felder oder Energiekörper und dergleichen. Geistige Heiler erkennen in der Vitalkraft die Heilenergie; Wissenschaftler betrachten sie als die eigentliche atomare Substanz.

Sir Arthur Eddington, einer der Pioniere der modernen Physik, faßte die Lehre von den Atomen folgendermaßen zusammen: „Etwas Unbekanntes bewirkt etwas Unbekanntes." Das gleiche könnte über geistiges Heilen gesagt worden sein; trotz aller Erklärungsversuche bleibt es ebenso unbekannt wie ehrfurchteinflößend.

Glücklicherweise ist es nicht unbedingt notwendig zu verstehen, wie ein Atom auf physischer Ebene funktioniert. Anstatt auf jenes Unbekannte einzugehen, wollen wir lieber das Geschehen an sich untersuchen. Was geschieht, wenn ein Patient einen geistigen Heiler aufsucht?

Kapitel 2

Was geschieht während der geistigen Heilbehandlung?

Erwarten Sie stets das Unerwartete! Heilung kann zu jeder Zeit stattfinden, an jedem Ort, durch irgend jemanden, in jeder Weise. Doch ebenso wie wir nur mehr oder weniger wissen, was uns im Sprechzimmer eines Schulmediziners erwartet, sollten wir zumindest eine Vorstellung von dem bekommen, was bei einem geistigen Heiler geschieht. Ehe wir aber näher auf die Heilungserfahrung selbst eingehen, müssen wir uns darüber im Klaren sein, daß diese nur in groben Zügen geschildert werden kann.

Ähnlich wie Schulmediziner ihre persönlichen kleinen Verschrobenheiten und Eigentümlichkeiten aufweisen, besitzen auch geistige Heiler gewisse charakteristische Züge. Es ist schwierig zu beurteilen, ob der jeweilige Weg richtig oder falsch ist. Das Vorgehen des einzelnen Heilers mag den Patienten ansprechen oder auch verwirren; es führt entweder zum Erfolg oder aber bleibt wirkungslos.

Die rechte Atmosphäre

Wichtig ist vor allem, daß sich der Patient so wohl und ausgeglichen wie möglich fühlt. Ein und dieselbe Umgebung spricht nicht jeden gleichermaßen positiv an. Häufig finden wir dort, wo geistiges Heilen regelmäßig praktiziert wird, eine wunderbar ruhige und friedliche

Atmosphäre vor. Manche Menschen werden beim Eintritt in ein Heilzentrum von einer starken, liebevollen und heilenden Schwingung erfaßt, doch es bedarf nicht unbedingt eines besänftigenden, ehrfürchtigen Schweigens; eine besondere Umgebung ist für die Wirksamkeit geistigen Heilens ebensowenig Grundvoraussetzung wie eine Kirche für das Gebet. Natürlich wirkt sich die richtige Atmosphäre äußerst vorteilhaft aus. Wesentlich jedoch ist in erster Linie, daß sich der *Patient* wohl und heimisch fühlt.

Der Beginn

Heiler sind im allgemeinen sehr einfühlsam und gesprächsbereit, wenn der Patient sich etwas von der Seele reden möchte. Die einleitende, zwanglose Unterhaltung trägt dazu bei, daß sich beide aufeinander einschwingen und in der gegenseitigen Gesellschaft wohlfühlen. Doch diese Vorbereitung kann, wenn es dem Patienten lieber ist, durchaus wegfallen. Geistiges Heilen respektiert grundsätzlich die Wünsche des kranken Menschen. So empfindet es mancher als angenehmer, wenn der Heiler sich mit ihm während des eigentlichen Heilungsvorganges unterhält, andere wiederum ziehen die Schweigsamkeit vor. Einige Heiler sind der Ansicht, daß ihr Sprechen den Prozeß positiv unterstützt, andere hingegen vermochten die Heilenergie intensiver zu erfahren, wenn sie schweigen.

Im allgemeinen sitzt der Patient auf einem Stuhl, und der Heiler legt seine Hände auf dessen Schultern oder Kopf. Dieses anfängliche 'Handauflegen' dient mehreren Zwecken. Der Heiler kann auf diese Weise mit sei-

nem Gegenüber in Verbindung treten und gleichzeitig die Quelle unendlicher göttlicher Energie berühren.
Für christlich orientierte Heiler mag es der Augenblick des Gebetes sein, durch das er die Heilenergie anzieht und darum bittet, eine Heilung möge stattfinden.
Ist der Kontakt erst einmal hergestellt, dann läßt der Heiler in den meisten Fällen seine Hände an einer Seite der Wirbelsäule entlanggleiten. Häufig spürt der Patient in diesem Moment, wie er sich für die Heilenergie öffnet.
Im weiteren Verlauf der Behandlung verweilen die Hände des Heilers gegebenenfalls eine Zeitlang auf einzelnen Körperpartien, die der Patient jedoch nicht immer als krank empfindet.

Andere Möglichkeiten

Es gibt Heiler, die ihre Hände über den Körper des Kranken gleiten lassen, ohne diesen zu berühren. Auf diese Weise treten sie in dessen Energiefeld ein und ertasten die einzelnen Schwachstellen. Manchmal fragen sie den Patienten, ob er in diesen Bereichen irgendwelche Beschwerden verspürt. Nachdem die jeweiligen Punkte lokalisiert sind, legt der Heiler seine Hände für einige Augenblicke direkt oder in gewissem Abstand auf diese Stellen.

Wie wird geistiges Heilen gefühlt?

Manche Menschen spüren, daß sich etwas während des Heilvorganges ereignet, was für dessen Wirksamkeit jedoch von keinerlei Bedeutung ist.
In seinem Buch *The Power to Heal* (Aquarian Press, 1983), gibt David Harvey eine Zusammenfassung der

Erfahrungen von einhunderteinundfünfzig Patienten. Nur drei äußerten, sie hätten absolut nichts empfunden; dennoch stellten sie eine gewisse Besserung ihrer Symptome fest. Die meisten Testpersonen waren sich einer Reaktion während des Vorganges an sich bewußt, und viele fühlten mehrere Veränderungen. Heilen ist eine stark wirksame Behandlung! Nahezu 75% spürten irgendwo in ihrem Körper eine gewisse Hitze bzw. Wärme. Diese besänftigende, entspannende Wärme, die der Heilvorgang mitsichbringt, ähnelt dem Sonnenbad. Einer der Patienten beschrieb seine Erfahrung als einen „Hitzestrom, der direkt durch meinen Körper zog. Er flutete geradezu durch mich hindurch und wirkte sehr entspannend." Andere Personen empfinden die Wärme nur dort, wo der Heiler seine Hände auflegt. Es ist ihnen, als seien diese ganz besonders heiß und die Wärme durchdringe ihre Kleidung. Bisweilen fühlen sich die Hände auch ganz 'normal' an, erst wenn sie zu der kranken bzw. schmerzhaften Körperstelle vorgedrungen sind, spürt der Patient die Wärmeeinwirkung.

Eine ebenfalls allgemein gemachte Erfahrung während des Heilvorganges ist das Gefühl von Entspanntsein und Ruhe. So sprachen etwa 50% der Versuchspersonen von tiefer Entspannung, 41% von Ruhe.

Ich selbst erfuhr diese Art von Entspannung und Ruhe als krassen Gefühlsgegensatz nach einem Motorradunfall. Ich war völlig durcheinander von dem Schock, den Schmerzen und dem Ärger über die gesamte Situation. Doch mit Beginn der geistigen Heilbehandlung verwandelte sich dieser innere Aufruhr in Stille, Frieden und Ruhe. Die Entspannung ging tatsächlich so tief, daß ich für einen Moment einschlief. Einige typische Beschreibungen dessen, was während der Heilung empfunden wird, sind:

„Es ist, als pflege jemand meine Nägel oder richte meine Haare, gleichsam als werde ich massiert. Alles ist angenehm und entspannend, jemand anderes handelt und kümmert sich intensiv um mich."

„Ich fühle mich elend, wenn ich zu einem Heiler gehe und kehre wie im Siebenten Himmel zurück. Während ich geheilt werde, fühle ich mich entspannt − wirklich entspannt − fast wie bewußtlos."

„Es ist wie ein tiefes Ausatmen, als ließe man alles los. Es war ein wunderbares Gefühl, mit jemandem verbunden zu sein, der liebevoll hilft und ganz alleine für einen da ist."

Die meisten Patienten in David Harveys Testversuch sprachen von mehreren Empfindungen bzw. Reaktionen; am häufigsten wurden Hitze, Entspanntsein, Ruhe und Prickeln genannt. Einige wenige (14%) fühlten Kälte und 5% ein gewisses Unbehagen. Alle diese körperlichen Wahrnehmungen waren jedoch vorübergehend, und niemand erwähnte bleibende negative Auswirkungen.

Es muß betont werden, daß *subjektive Empfindungen* für die Heilarbeit als solche unerheblich sind − man kann sie als zusätzliche Besonderheiten ansehen. Die eigentliche Wirkung ist mit Hilfe eines "Mind Mirrors" meßbar. Das klingt ein wenig utopisch, ähnelt jedoch dem herkömmlichen Elektroenzephalogramm (EEG). Beide messen die Gehirnwellenmuster; das EEG zeichnet verschnörkelte Muster auf Papier, der "Mind Mirror" dagegen blinkfeuerartige Gebilde. Er wurde von Geoff Blundell und Maxwell Cade entwickelt und besteht aus einem Kasten von der Größe einer Reiseschreibmaschine; sowohl Heiler als auch Patient können daran angeschlossen werden. Während des Heilvorganges zeigt der "Mind Mirror" Alpha-, Beta-, Theta- und Delta-Gehirnwellen an, die in gleichmäßigen Mustern mit beiden Gehirnhälften koordinieren. Das Muster gleicht dem eines erfahrenen Meditierenden. Maxwell Cade nennt diesen Zustand „den erwachten Geist" oder die fünfte Bewußtseinsebene. Insgesamt stellte er acht verschiedene Bewußtseinszustände fest – sie reichen vom Tiefschlaf bis hin zu einer Ebene absoluten Einheitsgefühls.

Der Patient – manchmal auch der Heiler – beginnt den Heilvorgang im „Normal"-Bewußtsein, bei dem die Blinklichter recht wirr angeordnet sein können; doch im allgemeinen zeigt sich – zunächst beim Heiler, später auch beim Patienten – ein gewisses Gleichmaß, sobald der eigentliche Heilungsprozeß einsetzt. Cade arbeitete mit mehreren hundert Heilern und maß unter Verwendung von "Mind Mirror" und Hautwiderstandsgeräten den Grad der Entspannung. In seinem Buch *The Awakened Mind* (Wildwood House, 1980), das er zusammen mit Nora Coxhead verfaßte, erklärt er, daß der Patient im Anschluß an eine Heilsitzung entspannter ist, gleichzeitig aber in Schrecksituationen rascher zu reagieren vermag. Diese physiologischen Veränderungen scheinen als Ergebnis auf den Heiler zurückzuführen zu sein, der dem Patienten eine oder auch beide Reaktionsfähigkeiten vermittelte, tiefe psychotherapeutische Entspannung und den fünften Bewußtseinszustand.

Ausklang

Bei Beendigung des Heilvorganges legt der Heiler häufig seine Hände auf die Schultern oder den Kopf des Patienten und sagt wahrscheinlich ein leises "Lebewohl". Wie im Anfang, so versucht er auch jetzt, sich auf ihn einzuschwingen. In dieser letzten Phase gestaltet sich der Prozeß rückläufig, d.h. jeder kehrt zu seiner eigenen Wellenlänge zurück.

Vielleicht schlägt der Heiler vor, sich auf die Füße zu konzentrieren oder eine nach unten weisende Bewegung zu machen. Das soll lediglich die "Energien erden". Aus dem gleichen Grund, weshalb die Elektrizität geerdet werden muß, soll auch die Heilenergie abfließen. Es darf sie nicht beunruhigen, wenn ihr Heiler nicht ausdrücklich auf ein "erden" hingewiesen hat, da ein kurzer Gedanke seinerseits in diese Richtung genügt. Sollten irgendwelche Zweifel bestehen, oder Sie sich noch nicht so recht gegenwärtig fühlen, dann denken sie ganz einfach an die Erde und Ihre eigenen Füße.

Menschen, die den Heilvorgang zum ersten Mal erleben, werden manchmal inmitten des Geschehens von einer gewissen Unruhe erfaßt und grübeln darüber nach, wie sie danken und sich verabschieden sollen. Oft machen sich Patienten Sorgen, ob ihr "Verhalten richtig ist" und sind gespannt, was von ihnen erwartet wird. Absolut nichts wird von ihnen als Patient erwartet — sie sollen sich nur entspannen und wohlfühlen.

Häufig empfinden die Patienten noch eine Zeitlang nach der Behandlung eine tiefe innere Ruhe. Das muß jedoch nicht immer sein, aber man sollte ein eventuelles Eintreten nutzen.

Kapitel 3

Muß man an einen Heilvorgang glauben?

Es heißt, Glaube versetze Berge oder ließe Wunder geschehen. Man ist daher versucht, anzunehmen, der Glaube sei Grundvoraussetzung für einen Heilerfolg. Doch dem ist nicht so. Frei von Glauben oder Zweifel reagieren kleine Kinder, Tiere, ja sogar Getreidesamen, Enzyme, Schnittblumen und Zellen in wunderbarer Weise (siehe hierzu auch das folgende Kapitel). Niemand kommt auf die Idee, daß hier der Glaube eine "Rolle" spielt. Dennoch sind viele Menschen der Ansicht, der Glaube sei ein wesentliches Grundelement, und da sie nicht an einen bestimmten Vorgang glauben, probieren sie ihn erst gar nicht aus. Allein die Tatsache, daß Sie diese Zeilen lesen, zeigt, daß Sie sich für die Vorstellung von einer möglichen geistigen Heilung geöffnet haben, selbst wenn Sie noch nicht bereit sind, es selbst zu testen. Doch diese Offenheit genügt schon, das Daranglauben ist Sache des Heilers.

Säuglinge reagieren auf die Kraft des Handauflegens und antworten sehr rasch auf die Berührung der Mutter. Dies geschieht auf einfache physische Weise; die Berührung vermittelt körperliches Wohlbehagen, Zärtlichkeit und Liebe. Es klingt durchaus logisch, wenn man erkannt hat, wie tiefwurzelnd und wesentlich das Empfinden durch Berührung ist. Lange bevor Augen und Ohren ausgebildet sind, etwa mit sechs Wochen, reagiert der Embryo im Mutterleib auf Berührung; es ist das erste Gefühl, das entwickelt wird. Bei der Geburt tritt der Säugling durch Berührung in Verbindung mit der Außenwelt, er berührt und wird berührt.

Auch Tiere reagieren sehr positiv auf geistiges Heilen. Jeder, der einen Hund oder eine Katze hatte, weiß um das Empfinden überaus großer Liebe, wenn er das kranke Tier streichelte, beruhigte und alles unternahm, damit es sich wohler fühlte.

Während Säuglinge und Tiere geistigem Heilen weder positiv noch negativ gegenüberstehen, setzt sich der vom Intellekt geprägte, logisch denkende Erwachsene kritisch damit auseinander. Er kann nicht ohne weiteres blindlings alles glauben. Die meisten Menschen müssen eigene Erfahrungen sammeln. Es ist daher nicht verwunderlich, wenn mehr als 50% der Testpersonen, über die David Harvey in *The Power to Heal* berichtet, erst nach der Behandlung an ein geistiges Heilen glaubten. Wäre der Glaube für den Heilungsprozeß maßgebend, dann sprächen nur gläubige Menschen darauf an. Untersuchungen ergaben jedoch, daß unabhängig vom Vertrauen in diesen Vorgang, mit Ausnahme von drei Teilnehmern alle eine Besserung ihres Zustandes verspürten.

Obgleich der Glaube keine Vorbedingung für einen Heilerfolg ist, schadet er nicht, sondern kann höchstens nützlich sein, wie dies z.B. bei Cathy Gunn, Schriftleiterin des Finanzteils einer Zeitung, der Fall war. Es hatte den Anschein, als nehme sie immer stärker an dem Heilvorgang teil, je mehr sie an die Möglichkeit einer geistigen Heilung glaubte. Sie berichtet: „Das erste Mal war ich zwar gewillt zu glauben, daß sich eine Wirkung zeigen werde, gleichzeitig jedoch zweifelte ich daran. Die Besserung meiner Schulter beeindruckte mich sehr. Später verrenkte ich mir das Knie beim Skifahren. Der Zustand verschlimmerte sich und wurde zur wahren Plage. Zunächst dachte ich daran, einen Arzt zu konsultieren, entschloß mich dann aber, es als erstes mit einer geistigen Heilbehandlung zu versuchen. Nach meiner vorangegangenen Erfahrung glaubte ich jetzt mehr an das Ganze. Mein Knie besserte sich zusehends, und nach wenigen Tagen war es völlig wiederhergestellt. Ich war begeistert."

Wenn es auch schwierig, vielleicht sogar unmöglich ist, der Wirkungsweise geistigen Heilens Vertrauen zu schenken, ehe man sie selbst erfahren hat, gibt es dennoch etwas, das den Heiler in seiner Arbeit unterstützt oder hemmt? Ein wesentlicher Punkt ist wohl in erster Linie, daß man dem Geschehen offen gegenübertritt. Das Wunderbare bei Säuglingen, Tieren, selbst bei Samen und Blumen, ist ihre Offenheit und Unvoreingenommenheit, das Vertrauen, die Unbedarftheit, welche sie an den Tag legen. Es handelt sich zwar um einen fast unmerklichen Vorgang, dennoch bin ich der Meinung, daß der gesamte Prozeß eine Frage der inneren Bereitschaft ist. Einerseits gibt es Patienten, die zur Heilbehandlung gehen, in *Wirklichkeit* aber gar nicht geheilt werden wollen; sie verschanzen sich sozusagen hinter einer Mülltonne, in der Hoffnung, diese Heilweise sei erfolglos. Andere Menschen wiederum, ebenso wie Säuglinge und Tiere, zeigen sich völlig offen für den Heilvorgang und sind bestrebt, gesund zu werden. Bereitsein und Wollen, das ist es, was im Grunde genommen hilft. Ein Heiler kann niemanden *zwingen*, gesund zu werden. Es ist daher wenig sinnvoll, sich von Freunden überreden zu lassen, nur um diese zufriedenzustellen – es gibt nur einen einzigen Grund, einen Heiler aufzusuchen, man muß es *selbst* wollen.

Interessanterweise fühlen manche Heiler, wenn ein Patient die Heilmöglichkeit ablehnt. Einer der Studenten von Lawrence LeShan sagt dazu: „... es ist, als renne man gegen eine Gummiwand." Man sollte annehmen, jeder kranke Mensch möchte wieder gesund werden. Doch aus eigener Erfahrung weiß ich, daß es sich mit der Krankheit nicht ganz so verhält – sie ähnelt mehr einem erbitterten inneren Kampf, man ist hin- und hergerissen zwischen Gesundwerden- und Krankbleibenwollen. In Fachkreisen spricht man von einem sogenannten Sekundärerfolg, aber irgendwann kommt der Zeitpunkt, da dieser in keinerlei Verhältnis mehr zu dem Verlust von Gesundheit und Vitalität steht. Wird also schließlich eine Entscheidung getroffen, so stellt sich die Frage, ob geistiges Heilen tatsächlich wirkt.

Funktioniert es tatsächlich?

Manche Menschen behaupten, nichts habe sie in ihrem Leben derartig beeindruckt wie geistiges Heilen – und das, obgleich es ihnen in keiner Weise half. Andere sind Zeugen von aufregenden, wundersamen Behandlungsergebnissen, werden überhäuft mit Beweismaterialien und Statistiken, dennoch bleiben sie skeptisch. Der beste "Beweis" ist natürlich die eigene Erfahrung, aber sie ist zu subjektiv, um unseren logischen Verstand, der immer nach wissenschaftlichen Gutachten fragt, zufriedenstellen zu können. Meine persönlichen Erfahrungen verblüffen mich stets aufs Neue, da sie meinen gesunden Menschenverstand und den rational arbeitenden Teil meines Gehirns völlig durcheinanderwirbeln.

Zum ersten Mal kam ich mit geistigem Heilen in Berührung, als ein Freund mich bat, ihn von seinen Rückenschmerzen zu befreien. Ich war erleichtert, daß mehrere Heiler anwesend waren, da ich mich nie zuvor in einer derartigen Situation befunden hatte. Ich zögerte, denn ich wollte keinen Fehler begehen.

Daher legte ich meine Hände mit nach oben gerichteten Innenflächen auf den Boden und spürte irgendwie, daß ich letztlich nichts falsch machen konnte, da zwischen ihnen und meinem Freund eine Massagebank stand. Ich war überrascht, als während der Heilbehandlung Hitze durch die Hände strömte. Am darauffolgenden Tag ging es meinem Freund besser; was mich am meisten erstaunte, war seine Verwirrung darüber, weshalb er soviel Wärme vom Boden her gefühlt hatte.

Dieses Ereignis zeigt, daß die im Verlaufe einer Heilbehandlung erzeugte Wärme mehr ist als die bloße Körpertemperatur — ein ganzer Stoß wissenschaftlicher Beweismaterialien hätte dies nicht eindeutiger erklären können. Trotzdem ist heute noch, sieben Jahre später, etwas in mir, das den gesamten Vorfall für unmöglich hält.

Einige der bekanntesten und interessantesten nordamerikanischen Forschungsarbeiten auf dem Gebiet geistigen Heilens wurden bahnbrechend. Aber auch der britische Heiler Gordon Turner führte faszinierende, wenn auch weniger publizierte Experimente hinsichtlich des Heilungsprozesses durch. In den Jah-

ren 1958-1963 arbeitete er zusammen mit dreiundzwanzig Heilern. Er entdeckte u.a., daß die Haltbarkeit von
Schnittblumen durch geistiges Heilen um ein Drittel
verlängert werden konnte, und eine tägliche Behandlung einen Strauß sogar bis zu der phantastischen Zeit
von fünfundfünzig Tagen frisch zu erhalten vermochte.
Dr. Bernard Grad, Experimentalbiologe an der
McGill Universität in Montreal, führte gemeinsam mit
dem ungarischen Heiler Oskar Estebany in den frühen
sechziger Jahren eine beachtliche Anzahl an Untersuchungen durch. Dr. Grad konstruierte seine Testreihen
nach dem Muster von Experimenten mit Drogen, deren Wirkungsweise noch unbekannt war. Dabei stellte
er fest, daß Wunden bei Mäusen rascher heilten, wenn
sie zuvor von Estebany behandelt worden waren —
selbst wenn dies durch einen papierverhüllten Käfig
geschah.
Dr. Grad experimentierte ebenfalls mit Getreidesamen, denen Salzwasser hinzugefügt worden war, um
die Keimfähigkeit und Wachstumsrate herabzusetzen.
Die von Estebany behandelten Samen pflanzten sich
stärker fort als die nicht behandelten. Das gleiche Ergebnis zeigte sich, als Estebany anstatt der *Samen*
selbst nur das in versiegelten Fässern aufbewahrte *Wasser* 'heilte'. Interessanterweise waren in Großbritannien Turners Heiler einige Jahre zuvor zu ähnlichen
Ergebnissen gelangt. Wurden Samen und Pflanzenerde
vor der Saat behandelt, sprossen die Samen im Vergleich zu den unbehandelten zehn Tage früher. Behan-
delte man nur das Wasser, erschienen die damit be-
sprengten Samen sechs Tage vor der nichtbehandelten
Vergleichssaat.

Estebany arbeitete auch zusammen mit der Franziskanerin und Biochemikerin Sr. Dr. Justa Smith, Vorsitzende der Naturwissenschaftlichen Fakultät des Rosary College, Buffalo, New York. Dr. Smith war besonders an der Auswirkung auf Enzyme interessiert, da diese ihrerseits eine zentrale Rolle im Gesundungsprozeß des menschlichen Organismus spielen. Bei der gemeinsamen Arbeit mit Estebany stellte sie fest, daß Heilbehandlungen die Aktivität des Enzyms Trypsin steigerten.

In jüngerer Zeit beteiligte sich auch der bekannte britische Heiler Matthew Manning an zahlreichen Experimenten; so arbeitete er u.a. mit Dr. William Braud am Institut für Bewußtseinsforschung in San Antonio. Matthew Manning zeigte, daß er durch Direkt- und Fernheilung in Flaschen wuchernde Krebszellen abtöten konnte.

Doch alle bisherigen Experimente bleiben in gewisser Hinsicht sehr unbefriedigend. Die meisten Untersuchungen konzentrierten sich auf einzelne Heiler, und es wurde recht wenig unternommen, sie parallel zu Forschungen seitens der orthodoxen Medizin durchzuführen. Besonders in Großbritannien war das wissenschaftliche Beweismaterial auf diesem Gebiet äußerst dürftig.

Bis vor kurzem wiesen wissenschaftliche und medizinische Fachkreise geistiges Heilen als Gegenstand ernsthafter Forschung von der Hand. Die allgemeine Einstellung zeigte sich in Äußerungen wie: „Es ist alles Ansichtssache, und wir können weder etwas beweisen noch widerlegen, es besteht also kein Grund, sich damit auseinanderzusetzen." Jeder Versuch, die Wirksamkeit geistigen Heilens zu 'prüfen', wurde mit der Begründung zurückgewiesen, diese sogenannten Heilmethoden seien das Ergebnis einer Art kurzfristiger hysterischer Reaktion, eines spontanen, vorübergehenden Nachlassens der Krankheitserscheinung oder falscher Diagnose bzw. Prognose.

Seit etwa drei Jahren hat sich diese Denkungsweise plötzlich zugunsten einer positiveren Anschauung gewandelt. Geleitete Versuche werden heute von wissenschaftlich anerkannten Fachleuten durchgeführt, um festzustellen, ob geistiges Heilen tatsächlich sinnvoll ist. Unter der Schirmherrschaft des Verbandes der Heilungsorganisationen sind unter Auflage strenger Kriterien Untersuchungsprojekte zur Prüfung einer möglichen Wirksamkeit eingeleitet worden. Die bisher laufenden Testreihen umfassen rheumatische Erkrankungen und Katarakte (grauer Star) bei Menschen sowie intestinalen Parasitenbefall bei Pferden. Die Vereinigung verfügt heute über genügend Kapital, um durch Forschungsarbeiten zu ermitteln, ob geistiges Heilen im Falle von Neuralgie, Verrenkungen, Krebs und anderem mehr schmerzerleichternd wirkt.

Inwieweit geistiges Heilen funktioniert oder nicht, hängt weitgehend von der Definition des Ausdrucks "funktionieren" ab. Müssen 'Wunder' geschehen, oder genügt ein geringeres Kriterium, um sich zu qualifizieren?

Die Untersuchung des grauen Stars wurde deshalb in die Testreihe aufgenommen, da Ergebnisse leicht meßbar sind. Die Sehstärke wird vor und sechs Monate nach der Heilbehandlung bestimmt. Man geht davon aus, daß bei mindestens 5% der Fälle eine Besserung feststellbar sein muß, um von einer Wirksamkeit sprechen zu können. Diese Verbesserung muß sich in einer auffälligen Verringerung bzw. einem völligen Stillstand des Ausmaßes des grauen Stars niederschlagen — ein allmählicher Rückgang der Wachstumsrate wird als unmeßbar abgelehnt.

Das Ergebnis dieser interessant angelegten Versuchsreihen wird mit Spannung erwartet. Eine Anerkennung bzw. Verwerfung sogenannter Wunderheilungen soll nicht auf dem Erfolg bestimmter Heiler basieren; man will vielmehr feststellen, ob die Arbeit verschiedener Heiler sowie die Behandlung einer Vielzahl von Problemfällen zu wiederholbaren, übereinstimmenden Ergebnissen führen. Es ist mit anderen Worten die Heilenergie selbst, die geprüft werden soll, weniger die Person des Heilers. Dies ist ein großer Schritt vorwärts, da sich bislang die Untersuchungen weitgehendst auf einzelne Heiler beschränkten. Der andere Aspekt dieser Forschungsarbeit ist die Tatsache, daß sie sich mehr auf handfeste, zuverlässige und meßbare Fakten stützt, nicht auf wundersame Heilungen. Wunder als solche sind trotz allem selten.

Kapitel 4

Wunderheilung?

Geistiges Heilen führt äußerst selten zu einer unmittelbaren Besserung. Derartige Fälle bezeichnet man als sogenannte "Wunderheilungen". Sie treten offensichtlich nur vereinzelt auf. Fragt man Heiler danach, so können sie höchstens ein oder zwei Beispiele nennen. Ihre Arbeit bewirkt einen langsamen, aber stetigen Heilungsprozeß, der über einen längeren Zeitraum verläuft.

Ich selbst gehöre nicht zu den "professionellen" Heilern und bin gewiß kein Wunderdoktor, doch einmal erlebte ich eine Art spontaner Heilung. Die Sekretärin der Zeitung, bei der ich arbeitete, litt unter Blasenentzündung. Sie bat mich um Heilung. Nach der Behandlung war die Entzündung wie weggeblasen, und sie fühlte sich wohl – so wohl, daß sie noch in derselben Nacht ausging, um mit ein oder zwei Drinks dieses Ereignis zu feiern. Die Blasenentzündung hat sich nie wieder gezeigt. Warum, weiß ich selbst nicht. Normalerweise tritt eine Heilung nicht so rasch ein. Eine erstaunliche Anzahl dramatischer Heilungen folgt jedoch einem bestimmten Muster. Der Patient ist häufig sehr müde; nach einer erquickenden Nachtruhe fühlt er sich dann meistens beachtlich besser. Alle Arten von Krankheitsformen konnten mit Hilfe geistigen Heilens gebessert werden. Doch ebenso wie eine Krankheit sich langsam entwickelt, so braucht sie gegebenenfalls auch ihre Zeit zur Ausheilung. In chronischen Fällen könnte die homöopathische Faustregel gelten, nach der man pro Jahr der Krankheit einen Monat für den Gesundungsprozeß rechnet. Dennoch, eine spontane Heilung liegt durchaus im Bereich des Möglichen.

Wie lange dauert der Heilungsprozeß?

Man kann hier nicht von einer durchschnittlichen Heilungsdauer sprechen. Aber wie in einer Art Lackmus-Test sollte man abschätzen können, ob das Ganze nichts weiter als reine Zeitverschwendung ist. Wie der Name schon sagt, muß eine geistige Behandlung nicht notwendigerweise mit dem Körper beginnen oder enden, ja es bedarf nicht einmal einer physischen Berührung. Geistheiler, Homöopathen, Akupunkteure oder andere holistisch arbeitende Therapeuten besitzen sehr ähnliche Vorstellungen von den Grundprinzipien des Heilungsprozesses. Sie erkennen die Vielschichtigkeit unseres Seins, die geistigen, emotionalen und physischen Aspekte unserer Natur. Der Körper wehrt sich als erster; er ist aber auch der letzte, der wieder gesundet. Die praktische Erfahrung vieler Heiler zeigte, daß alles nach deutlich erkennbarer Gesetzmäßigkeit in die rechte Ordnung kommt, sobald sich die Vitalenergie erneuert hat und die geistigen Aspekte des Gesundseins wiederhergestellt sind. Homöopathen nennen es die "Heilungstendenz". Im allgemeinen beginnt der Heilungsvorgang mit einer Besserung der mentalen und emotionalen Symptome. Die zeitliche Dauer dieses Prozesses ist recht unterschiedlich; er kann sehr langwierig sein, bisweilen aber auch äußerst rasch verlaufen. Manchmal gehen körperliche und geistige Veränderungen Hand in Hand. Die meisten Heiler stellten fest, daß ein geistiger und emotionaler Wandel Voraussetzung 'wahrer Heilung' ist. Die Aussagen von Patienten, sie fühlten sich entspannter, schliefen besser oder könnten ihren Alltag leichter handhaben, sind typische Besserungszeichen – Zeichen, daß sich der Patient innerlich wohler fühlt, was in den physischen Symptomen zum Ausdruck kommt. Heiler erachten derartige Hinweise von Patienten, wie jene, sie seien energetischer, kreativer und glücklicher, als Ausdruck beginnender Genesung. Für gewöhnlich klären sich physische Probleme, sobald geistiges und emotionales Wohlbefinden eingetreten ist. Aber auch die Besserung körperlicher Symptome darf nicht außer acht gelassen werden, da sie für den Heiler der deutlichste Beweis ist, daß die geistige Behandlung anschlägt. Manchmal wird die geistige Heilung auf der physischen Ebene am deutlichsten sichtbar. Als Beispiel wäre Eileen Addley zu nennen. Sie litt seit zwölf Jahren unter ulcerativer Colitis (geschwürbildende Dickdarmentzündung), und ihre Ärzte bestanden darauf, daß sie sich einer Colostomie (chirurgischer Einschnitt in den Dickdarm) unterziehen müsse, um von ihrer Diarrhoe (Durchfall) befreit zu werden. Zu diesem Zeitpunkt wog sie gerade noch 45 kg und konnte das Haus nicht länger als einige Minuten verlassen, ohne auf die Toilette gehen zu müssen. Sie erinnert sich: „Ich kannte jedes öffentliche Wasserklosett in Bromley, es war sehr peinlich", und sie fährt fort: „Ich bin Katholikin und betete in allen Formen, die ich kannte, denn ich wollte keine Operation. In der Spalte „Angebote" unserer Lokalzeitung entdeckte ich eine Anzeige über Geistheilung; ich rief dort an. Olive (die Heilerin), mit der ich sprach, sagte, ich solle sofort kommen. Als ich den Hörer auflegte, wunderte ich mich, was ich da getan hatte. Der Begriff Geistheilung war mir völlig fremd, und ich konnte mir nichts darunter vorstellen. Erst später erkannte ich, daß meine Gebete durch die Behandlung der beiden Heiler Ron und Olive Broadbent erhört worden waren..."

Eileens Erfahrung während der Heilbehandlung war ungewöhnlich – die meisten Menschen empfinden Hitze, Kälte oder sonstige körperliche Reaktionen. Eileens Wahrnehmungen aber waren sowohl visueller als auch physischer Art. Sie erinnert sich: „Ich sah wunderschöne Regenbogenfarben gleichsam wie Blitze am Himmel hervorbrechen; sie durchdrangen meinen Körper und machten ihn gesund."

Nach einem Monat fühlte sie sich völlig normal. Die Ärzte sprechen von einer "spontanen Remission", was ein vorübergehendes Nachlassen der Krankheitserscheinungen bedeutet. Sie wissen allerdings nicht, wie dies geschehen konnte, und wann die Symptome eventuell doch wieder auftreten werden. Dieses seltsame Verschwinden des Krankheitsbildes ist nun schon acht Jahre her. Eileen, die jetzt gesunde 60 kg wiegt, glaubt fest daran, daß ihre Genesung auf die geistige Behandlung zurückzuführen ist. Aus dieser großen Überzeugung heraus ließ sie sich selbst zur Heilerin ausbilden.

Derartige Fälle, in denen Geistheilung eine Operation verhindert, sind äußerst ungewöhnlich. Im allgemeinen zeigen sich die Ergebnisse weniger sensationell. Geistiges Heilen dient eher dazu, eine schrittweise

Besserung zu bewirken, nicht grandiose, spontane Wunderheilungen.

Nehmen wir den Fall des vierundachtzigjährigen Alfred Tuckwell, der alle Formen positiver Heilergebnisse erlebte, schlagartiges Vergehen der Symptome ebenso wie langsame, fast unmerkliche Besserungen. Eine der allmählichen, doch deutlich wahrnehmbaren Veränderungen wurde vor zwei Monaten entdeckt. Nachdem er fast vierzig Jahre lang eine Brille tragen mußte, stellte er eines Tages fest, daß er nun ohne sie auskam. Der Optiker erklärte, sein Sehvermögen entspräche dem eines jungen Mannes. Tuckwell bemerkt hierzu: „Ich fühle mich dadurch recht jugendlich. Es ist großartig, ich sehe auf beiden Augen und erkenne alles um mich her so deutlich, daß ich Autofahren kann." Alfred Tuckwell war seit 1960 geistig behandelt worden; es hatte also siebenundzwanzig Jahre bis zu diesem Ergebnis gedauert. Wie er sagt, sei er nie allzusehr um sein Augenlicht besorgt gewesen, aber keine Brille mehr tragen zu müssen, empfinde er als großes Geschenk. Er suchte erstmalig einen Geistheiler auf, als sein Arzt ihn wegen einer Hiatus Hernie ins Krankenhaus überwies. Da er zum damaligen Zeitpunkt gerade dabei war, ein neues Geschäftsunternehmen zu gründen, wollte er sich nicht operieren lassen und wandte sich an einen Heiler um Hilfe; die Operation wurde hinfällig. Seither wird er immer wieder geistig behandelt. „Es ist nichts Aufregendes dabei, sagt er, man merkt lediglich, daß einem geholfen wird. Kleinigkeiten gehen schief, aber sie klären sich wieder. Heute fühle ich mich innerlich wohler als vor vier Jahren. Mit achtzig dachte ich, der Tod sei wohl recht nahe, und ich

könne nichts mehr vom Leben erwarten. Heute denke ich nicht mehr ans Sterben. Ich fasse keine langfristigen Pläne und kaufe keine Dinge mit zehnjähriger Garantie mehr, was übrigens viel billiger ist. Ich lebe jeden einzelnen Tag ganz bewußt." Geistiges Heilen vermag auf feineren Ebenen zu arbeiten. Es läßt den Patienten die tieferen Hintergründe von Krankheit, Leben und Tod erkennen. Selbst wenn die Krankheit an sich nicht geheilt wird, so kann sie dennoch manchmal durch diese andere Sichtweise zum Stillstand gebracht werden. Der Anästhesist Dr. Walter Hart hat die gleiche Einstellung zum Leben wie Alfred Tuckwell, er "lebt jeden einzelnen Tag ganz bewußt". Besondere Wunder kann er allerdings nicht verzeichnen. Den Beweis für die Wirksamkeit geistigen Heilens sieht er darin, daß er trotz seiner Krankheit immer noch lebt. Vor zwei Jahren diagnostizierten die Ärzte Prostatakrebs. Seither wird Dr. Hart geistig behandelt. Er erklärt: „Als Arzt weiß ich, wie jämmerlich hilflos die Medizin dieser Art von Krebs gegenübersteht; es gibt nur wenig, was wir tun können. Die Lebenserwartung beläuft sich auf etwa drei Jahre nach Feststellung der Krankheit." Obgleich Dr. Hart nicht glaubt, daß er aufgrund der geistigen Behandlung länger leben wird, beeindruckt ihn die Tatsache, wie er durch sie mit seiner Krankheit fertig wird. „Die Krebswucherung scheint zum Stillstand gekommen zu sein. Mir geht es heute nicht schlechter als vor zwei Jahren. Damit hätte ich nie gerechnet, im Gegenteil."
Für einige Patienten ist die Erfahrung geistiger Behandlung keine Frage der physischen Wiederherstellung, sondern der individuellen Lebensqualität. Was

heißt das? Es geht um die *Freude am Leben*. Völlig schmerzfrei zu sein und sich körperlich wohl zu fühlen, ist nicht das Wesentliche. Wesentlich ist die tiefe innere Freude über die Schönheit einer Rose, die Possen eines Kindes oder einen vollkommenen Sonnenuntergang.

Nehmen wir an, Sie leiden an Krebs, und die Ärzte geben sich damit zufrieden, daß sie die Wucherung operativ entfernten und Ihnen genügend Pillen und Tränke verabreichten, um diese für eine Weile unter Kontrolle zu halten. Doch wenn Sie, der Patient, vernarbt und in Panik geraten zurückbleiben, nicht wissen, ob Sie leben oder sterben wollen, dann brauchen Sie noch etwas anderes.

An diesem Punkt könnte Geistheilung die orthodoxe Medizin sinnvoll ergänzen, und zwar dadurch, daß sie die spirituelle Dimension einbringt. Ironischerweise gewinnt die Frage nach der Lebensqualität erst im Angesicht des Todes an Bedeutung (s. Kap. 11).

Kapitel 5

Wie findet man den richtigen Heiler?

Das Vernünftigste wird es sein, wenn Sie sich als erstes an einen anerkannten Heilerverband wenden (Namen und Adressen finden Sie im Anhang) und nach einem in Ihrer Nähe wohnenden Mitglied fragen. Das gibt Ihnen zumindest die Gewißheit, daß der Heiler versichert ist und sich an die gesetzlichen Bestimmungen hält. Verstöße gegen diese beiden Kriterien sind bisher nicht bekannt, und soweit ich informiert bin, wurde noch kein Heiler wegen Verfehlung aus einem Verband ausgeschlossen. Man möchte annehmen, dies sei darauf zurückzuführen, daß Heiler im Gegensatz zu Ärzten wunderbare und besonders gesegnete Menschen sind. Dem ist nicht so. Da Geistheiler mit ihren Händen lediglich helfen oder blockieren können, ist das Ausmaß einer eventuellen Schädigung weitaus geringer als bei einem chirurgischen Eingriff bzw. durch Medikamente. Die Berufsversicherung kostet einen Arzt ca. zweitausendfünfhundert Mark pro Jahr; für Mitglieder des Nationalverbandes der Geistheiler ist sie in einem jährlichen Beitrag von ca. vierzig Mark enthalten (in England, d.Hrsg.).

Es ist also von großer Bedeutung, *wen* Sie wählen. Sie sollten einen Heiler ausfindig machen, bei dem Sie sich wohlfühlen. Je stärker die jeweilige Beziehung zueinander ist, desto eher vermag der Patient eine Heilung anzunehmen.

Die meisten Menschen fühlen sich, ohne dies logisch begründen zu können, in der Gegenwart anderer entweder erregt oder aber still und ruhig. Leider beeinflußt die Tatsache, daß jemand über Heilfähigkeiten verfügt, die Person selbst weder in positiver noch negativer Weise. Im Augenblick der Heilbehandlung geschieht zwar etwas ganz Besonderes, aber nur in den seltensten Fällen wird das Alltagsleben davon berührt, d.h. ein ansonsten reizbarer, launenhafter Heiler muß sich nicht unbedingt dadurch ändern. Dennoch vollzieht sich in den meisten ein tiefgreifender innerer Wandel in bezug auf ihr Leben und ihre Einstellung zum Leben überhaupt.

Die Legende vom verwundeten Heiler besitzt auch heute noch ihre Gültigkeit. Die besten Heiler haben selbst in irgendeiner Weise gelitten, was ihr Einfühlungsvermögen stärkt und ihre Heilfähigkeit bereichert. Bisher bin ich noch keinem Heiler begegnet, der nicht selbst der Heilung bedurfte.

Es fällt ihnen häufig recht schwer, zwischen der sorgenden Hilfsbereitschaft ihren Mitmenschen gegenüber und den eigenen Bedürfnissen ein Gleichgewicht herzustellen. Anderen beizustehen kostet sie weniger Mühe, als auf sich selbst zu achten, was zu Schwierigkeiten für den Patienten führen kann. Der Gesundheitszustand des Heilers spielt eine wesentliche Rolle. Ist er heilungsbedürftiger als der Patient, dann wird er es sein, der von der Behandlung profitiert, während der Patient leer ausgeht. Müde, erschöpfte Heiler wirken nicht als Energiekanal, im Gegenteil, sie entziehen dem Patienten Energie oder werden "Schwarze Löcher". Ein guter Heiler achtet auf sich und prüft stets, in welche Richtung die Energie fließt, damit sie zum Wohle des Patienten gereicht.

Aber auch der Patient trägt eine große Verantwortung bei allem — bemerkt er z.B., daß der Heiler für eine Behandlung zu müde ist, sollte er es sagen! Die enge Beziehung zwischen beiden berechtigt ihn, alles, was er fühlt, zu äußern. Das setzt natürlich voraus, daß Heiler und Patient im Einklang schwingen.

Manche Menschen fühlen sich zu jemandem hingezogen, von dem sie gehört haben oder der einen guten Ruf besitzt, z.B. ein erfahrener Mensch, der den Kranken immer half.

Im allgemeinen kennen auch Naturkostläden, Naturheil-Zentren und Gemeindeseelsorger Heiler, die sie empfehlen können.

Es gibt zwar die verschiedensten "Leitfäden für gesunde Ernährung", aber noch nicht so etwas wie ein "Handbuch guter Heiler" — es wird wahrscheinlich auch in Zukunft keines geben. Ein Heiler, der im einen Falle buchstäblich Wunder wirkt, kann für einen anderen Menschen auf völlig falscher Wellenlänge liegen.

Unter Umständen ist eine persönliche Begegnung nicht möglich. Doch glücklicherweise kann auf den persönlichen Kontakt verzichtet werden, da die sogenannte Fernheilung die gleiche Wirkung besitzt.

Kapitel 6

Wie empfängt man am meisten von einer Heilbehandlung?

Wählen sie einen Heiler, dessen Gegenwart Ihnen ein Gefühl von Sorglosigkeit, Wohlbehagen und Vertrauen vermittelt. Lassen Sie ihn auf seine Weise heilen, und erzählen Sie ihm nicht, er solle ebenso vorgehen, wie Sie es bei einem anderen erlebten. Jeder Heiler besitzt seinen eigenen Stil, seine eigene Betrachtungsweise, was von Patient zu Patient bzw. von Behandlung zu Behandlung variieren mag. Denken Sie daran, eine erfolgreiche Heilung ist keine Frage der Techniken sondern der Resultate.

Reden Sie nicht ununterbrochen, lassen Sie einfach geschehen. Sie können kaum etwas wahrnehmen, wenn Sie ständig sprechen, erklären und über das, was Sie spüren, in Gedanken oder Worten lange Vorträge halten. Das beste ist es, sich mit geschlossenen Augen der Heilbehandlung völlig entspannt hinzugeben.

Seien Sie aufrichtig bei der Wiedergabe Ihrer Erfahrungen. Sie sind für den Heiler von großer Bedeutung, da er sie mit seinen eigenen intuitiven Empfindungen vergleicht. Es ist wenig sinnvoll, ihm das zu erzählen, was er vielleicht hören möchte. Sie tun ihm keinen Gefallen damit.

Erkundigen Sie sich schon im voraus nach der Bezahlung. Viele Heiler erwarten lediglich eine Spende — doch das sollte bereits vor Beginn der Behandlung geklärt sein. Wie dem auch sei, denken Sie daran, daß seine Zeit kostbar ist, ungeachtet dessen, ob er ein Honorar verlangt oder nicht. Vor allem sollten Sie pünktlich sein oder aber den Termin absagen.

Fragen Sie den Heiler offen nach seiner Qualifikation und Ausbildung bzw. wie er sich den Ablauf der Heilbehandlung vorstellt.

Er wird Verständnis dafür haben, wenn Sie aus irgendeinem Grunde nervös und ängstlich sind. Sagen Sie es frei heraus; damit geben Sie ihm zumindest die Gelegenheit, Ihnen ein wenig zu helfen. Seien Sie so ehrlich wie möglich; sprechen Sie offen über Ihre Empfindungen, und ob Sie etwas stört oder beunruhigt.

Lassen Sie sich nicht von einem übermüdeten Heiler behandeln. Gehen Sie die Dinge nach einer Heilbehandlung leicht an. Sie haben nichts davon, wenn Sie sich gleich wieder in den Tumult hektischer Arbeit stürzen. Gönnen Sie sich eine Ruhepause, damit der Heilungsprozeß auch über die eigentliche Behandlungsdauer hinaus weiterwirkt.

Kapitel 7

Wie lange dauert sie?

Es ist kaum möglich, über die zeitliche Dauer einer Behandlung allgemeingültige Angaben zu machen, da ein Heilerfolg sowohl sofort als auch erst nach Jahren eintreten kann. Das hängt in erster Linie von den individuellen Gegebenheiten ab. Normalerweise widmet sich der Heiler dem Patienten etwa fünfzehn bis zwanzig Minuten, mitunter aber auch eine Stunde und mehr. Im allgemeinen lassen sich chronisch kranke Patienten einmal pro Woche behandeln; in akut schmerzhaften oder lebensbedrohlichen Situationen sind die einzelnen Sitzungen häufiger und länger. Leider gibt es kein Rezept über 'alle drei Stunden ein Heiler', was sicherlich oft angebracht wäre, um wenigstens eine Schmerzlinderung zu erreichen. In akuten Fällen sollte jedoch mindestens eine Behandlung pro Tag vorgenommen werden.

Einige Heiler, die an Krebspatienten arbeiten, beginnen mit täglichen Sitzungen, die dann je nach Besserung auf einmal wöchentlich reduziert werden.

Manchmal, und das sind seltene, erstaunliche Ausnahmen, bedarf es nur einer einzigen Behandlung. Verstandesmäßig sind diese Fälle nicht zu erklären, vielleicht liegt es daran, daß sich der Patient bereits selbst heilte. Hat er seinerseits die schwere Arbeit schon getan, oder haben sich die Umstände geändert, dann ist nur noch wenig Energie einzusetzen, um den gesamten

Prozeß abzuschließen. Als Beispiel führt die Heilerin Jessica Macbeth eine Frau an, die eigentlich zur psychischen Beratung gekommen war. „Zusätzlich empfahl ich ihr eine geistige Behandlung. Aufgrund ihrer starken Schwerhörigkeit mußte ich sie förmlich anschreien, und meine Stimme brauchte dringend Ruhe. Mit Ende der Behandlung konnte ich normal mit ihr sprechen – sie war nicht mehr taub. Die Taubheit hatte begonnen, als ihr Mann auf dem Sterbebett lag, sie wollte nicht hören, was die Ärzte sagten. Fünf Jahre später wünschte sie, ihre Enkelkinder zu hören und war überzeugt, daß nur ein Wunder ihr helfen könne."

Kapitel 8

Wieviel kostet sie?

Zur Zeit verlangen in England die meisten Heiler kein Honorar, nehmen aber eine freiwillige Spende dankend an. Von den siebentausendfünfhundert Angehörigen des "Bundes der Heilerorganisationen" sind weniger als 10% professionelle Heiler. Als Patient sollten Sie zwischen einem begabten, nicht-professionellen und einem professionellen Heiler wählen.

Einige Heiler sind beides; sie widmen viele Stunden der Ausübung und Vervollkommnung ihrer Fähigkeiten, ohne sich dafür bezahlen zu lassen – ihre Motivation ist tiefes Mitgefühl und Hilfsbereitschaft. Manche sind der Überzeugung, daß ihre heilerische Gabe verlorengehe, wenn sie für ihre Arbeit finanzielle Entlohnung verlangen. Andere vertreten die Ansicht, die Heilenergie sei nicht ihr Eigentum, und sie könnten keinen Gegenwert für etwas verlangen, das ihnen nicht gehöre. Manche Heiler glauben an Unterstützung aus indirekten Quellen; für Phil Edwards gestaltete sich dies in der ungewöhnlichen Form eines Lottogewinns. Einige professionelle Heiler halten es für durchaus angebracht, daß sie ihre Arbeit, ebenso wie ein Konzertpianist, in Rechnung stellen. Die Weiterentwicklung und Ausbildung ihrer gottgegebenen Fähigkeiten, der sie sich ganz hingeben, sollte von denen, die Gebrauch davon machen, bezahlt werden. Häufig besitzen diese Heiler auch noch andere Fachkenntnisse, z.B. in Massage und Reflexzonentherapie. Als Berufsheiler sind sie davon überzeugt, anhaltende Heilerfolge zu erzielen. Der Verdienst müsse ihre Lebensunterhaltungskosten decken, damit sie ihrerseits dem Patienten alles geben könnten, was dieser benötige.

Nicht-professionelle Heiler sehen den Lohn ihrer Arbeit in erster Linie darin, notleidenden Menschen die sie durchströmende Heilenergie zu vermitteln — ein erhebendes Gefühl — in keiner Weise vergleichbar mit der berufsmäßigen Ausübung. *Dafür* müssen Sie zahlen.

Kapitel 9

Was bedeutet Fernheilung?

Wie der Name bereits sagt, handelt es sich bei der Fernheilung nicht um Heilung durch Handauflegen; der Heiler arbeitet ausschließlich auf geistiger Ebene. Auf den ersten Blick scheint dies völlig abwegig zu klingen, ist im Grunde genommen aber nichts weiter, als wie die Übertragung einer Rundfunk- bzw. Fernsehnachricht. Der Heiler strahlt von seiner eigenen 'Sendestation' Bilder der Gesundheit aus, wobei es keine Rolle spielt, ob der Patient ihm gegenübersitzt oder am anderen Ende der Welt lebt.

Der Heiler Bruce MacManaway gibt in seinem Buch *Healing* (Thorsons, 1983) folgende Erläuterung dazu: „Nachdem wir uns eingeschwungen haben, können wir aktiv mit der aufgenommenen Schwingung in Resonanz treten. Es ist nicht nachweisbar, doch der Resonanzbegriff ist jedem Physiker vertraut: eine Übertragung auf gleicher Wellenlänge kann die ursprüngliche Welle verstärken. Meiner Ansicht nach basiert das Wesen der Fernheilung auf diesem physikalischen Prinzip. Der Heiler "überträgt" die Heilenergie auf eine Person, die vielleicht tausende von Meilen entfernt wohnt."

Die Bitte um Heilung genügt, mehr braucht der Patient nicht beizutragen. Bei einem von Maxwell Cades Experimenten begann der bekannte Heiler Edgar Chase die Fernheilung zu einem vorher festgesetzten

57

Zeitpunkt. Der Patient glaubte, er warte auf diesen Moment, doch den Aufzeichnungen des "Mind Mirrors" zufolge ging in jenem Augenblick sein Gehirnwellenmuster in das der fünften Bewußtseinsebene über, einem Zustand, der im allgemeinen während des Heilungsvorganges eintritt.

Wenn es auch unwesentlich zu sein scheint, daß der Patient um den Beginn der Heilbehandlung weiß, so schadet es doch nicht. Viele Heiler vereinbaren mit ihren Patienten ganz bestimmte Zeiten, damit diese sich 'einschwingen' können. Erste Untersuchungen des Heilers Gordon Turner ergaben, daß dadurch der Heilungsprozeß intensiviert wird. Zwölf Patienten, die bis dahin auf Fernbehandlung nicht reagiert hatten, wurde eine individuelle 'Verabredung' mit ihrem Heiler angegeben. Zu diesem Zeitpunkt sollten sie das Bild eines Schafhirten betrachten und dabei laut den ersten Vers des 23. Psalms zitieren. Im selben Moment führten sich die Heiler das gleiche Bild vor Augen, lasen denselben Vers, konzentrierten sich dann auf den Patienten und verweilten etwa zehn Minuten lang bei der heilenden Verbindung. Alle vorhergehenden Bemühungen zeitigten keinen Erfolg; die Ergebnisse dieser Methode aber waren frappierend. Nur bei einem einzigen Patienten war überhaupt keine Wirkung zu verzeichnen, während bei acht der zwölf Testpersonen die Behandlung sich über einen längeren Zeitraum hin positiv auswirkte.

Soweit mir bekannt ist, wurden bisher noch keine Untersuchungen darüber durchgeführt, was die Patienten bei einer Fernheilung empfinden. Den meisten Berichten zufolge, ist physisch kaum etwas spürbar − lediglich die körperliche Besserung spricht für die Wirkung der Fernheilung. Einige Patienten machten die Erfahrung eines angenehmen Wohlgefühls und dem allgemeinen Empfinden, geliebt und umsorgt zu werden.

Was geschieht während der Fernheilung?

Ebenso wie bei der Methode des Handauflegens gehen die einzelnen Heiler bei der Fernheilung in unterschiedlicher Weise vor, wenn auch häufig nach gleichartigem Grundmuster. Zunächst schwingen sie sich ein, d.h. sie streben eine Ebene an, von der aus eine Heilbehandlung möglich ist, was im allgemeinen durch Gebet oder Meditation erreicht wird.

Danach treten sie mit dem Patienten in Verbindung. Dies geschieht, indem sie ihn beim Namen nennen, sich ihn innerlich vergegenwärtigen oder auf eine Schale voll Zetteln konzentrieren, die mit Namen beschriftet sind; es gibt zahlreiche Möglichkeiten. Ist die Verbindung hergestellt, sendet er dem Patienten eine geistige "Heil-Botschaft" zu. Er sieht ihn entweder als gesunde, lebenssprühende Person, hüllt ihn in weißes bzw. farbiges Licht oder in eine Gebetsfom. Manche Heiler schreiben gerne den Namen des Patienten, der geheilt werden möchte, auf ein Stück Papier und deponieren es in einem Heilsanktuarium, was den Heilungsprozeß auch nach der eigentlichen Fernheilungsperiode fortsetzen soll.

Radionics

Jede Beschreibung der Fernheilung bliebe ohne Erwähnung der Radionics unvollständig. Es handelt sich um ein System, bei dem ein mit Skalen versehenes

Elektrogerät den Geist des Heilers in ähnlicher Weise auf einen Punkt konzentriert wie ein Pendel den des Rutengängers. Diese Instrumente sind nicht elektrisch gesteuert, und obgleich zynischere Menschen als ich behaupten, sie seien reiner Blödsinn, funktionieren sie.

Ein Beweis für die Wirksamkeit der Radionics könnte aufgrund der durchgeführten Untersuchungen an Pferden erbracht werden. Der "Bund der Heilorganisationen" und das "Royal College der Veterinärmedizin" veranlaßten eine Testreihe, bei der an einhundertunddreißig von intestinalen Parasiten befallenen Pferden untersucht wird, ob eine Behandlung durch Radionics erfolgreich ist.

Ausführliche Informationen auf diesem Gebiet gibt das empfehlenswerte Buch *Radionics: A Patient's Guide to Instrumental Distant Diagnosis and Healing* von David V. Tansley (Element Books, 1985).

Kapitel 10

Kann man sich selbst heilen?

Die Antwort lautet "ja". Die meisten Menschen fühlen sich während der Heilbehandlung entspannt, was darauf schließen läßt, daß zwischen Selbstheilung und Entspannung ein innerer Zusammenhang besteht.

Jeder versucht auf seine eigene Art, Abstand von den Belastungen des Alltags zu gewinnen, was jedoch nicht immer gelingt, da es oft an der nötigen Zeit fehlt oder aber die körperliche bzw. seelische Verfassung es nicht zuläßt. Die folgenden, zunächst rein körperlichen Übungen, könnten hilfreich sein.

Muskeltraining

- Sitzen Sie aufrecht in einem bequemen Stuhl oder liegen flach auf dem Boden, die Augen geschlossen. Strecken Sie ihre Zehen so weit wie möglich nach oben, und entspannen Sie sie wieder.
- Spannen Sie die Füße an, richten sie möglichst weit nach oben, locker lassen.
- Machen Sie die gleiche Übung mit Waden, Oberschenkeln, Gesäß und Bauch, zusammenziehen und loslassen.
- Drücken Sie die Schultern nach vorne und ziehen den Brustkorb nach innen, entspannen.
- Pressen Sie die Hände zusammen, und entspannen Sie diese wieder.

- Verfahren Sie in gleicher Weise mit Armen, Rücken und Nacken, anspannen – lockerlassen.
- Verziehen Sie nacheinander Mund und Nase, verdrehen Sie die Augen – und entspannen.
- Ziehen Sie die Augenbrauen hoch, runzeln die Stirn, Ihr ganzes Gesicht ist zusammengepreßt – lockerlassen. Fühlen Sie sich leicht und entspannt.

Wie ist Ihre köperliche Verfassung? Fühlen Sie sich insgesamt noch leicht verspannt, dann wiederholen Sie die ganze Prozedur; mitunter ist auch nur die eine oder andere Übung vonnöten.

Man sollte sich aber auch ohne viel Aufhebens entspannen können. Stetes Training führt zum Erfolg.

Wartezeiten an Haltestellen oder in Supermärkten kann man zu Entspannungs- bzw. Selbstheilungsübungen nutzen – niemand wird es bemerken. Zunächst jedoch sollten Sie in einer stillen häuslichen Umgebung, in der Sie keiner stört, üben.

Eine der Grundübungen ist die Vorstellung, daß jeder einzelne Körperteil warm und schwer wird. Beginnen Sie bei den Zehen und arbeiten sich langsam zum Kopf vor; lassen Sie nichts aus. Fühlen Sie, wie jede Verspannung weicht.

Eine andere Möglichkeit ist es, sich auf den Atem zu konzentrieren. Atmen Sie jeden körperlichen Druck, jede Spannung aus. Denken Sie beim Einatmen das Wort "Frieden" und beim Ausatmen "Un-Frieden". Die beiden Worte wirken beruhigend und besänftigend. Die Bewußtwerdung des Atems und das Loslassen beim Ausatmen ist eine bewährte und sehr gebräuchliche Entspannungstechnik. Diese schnell wirksame und einfache Methode verstärkt im Grunde genommen lediglich unsere natürliche Atemfunktion. Wie bereits erwähnt, ergaben Max Cades Untersuchungen, daß die Gehirnwellenmuster eines erfahrenen Meditierenden denen eines Heilers entsprechen, obgleich nicht jeder, der meditiert, diese Bewußtseinsebene wahrnimmt. Cade nennt sie den Erwachten Geist, Maharishi spricht von Kosmischem Bewußtsein. Dabei spielt es keine Rolle, ob es sich um Meditation, Heilen oder Geheiltwerden handelt — immer werden die gleichen Gehirnwellenmuster hervorgebracht.

Abgesehen von diesen Mustern, sind die tatsächlichen Erfahrungen des Meditierenden und des geistig behandelten Patienten sehr ähnlich. Sowohl Geistheilung als auch Meditation rufen einen Zustand tiefer Entspannung hervor; Heilung aber ist eine Folge völligen Entspanntseins. Die Belastungen und Anstrengungen des Alltags haben uns wie eine Wolljacke werden lassen, die ihre Form verloren hat. Meditation und Geistheilung befreien uns von ihnen, und wir können wieder wir selbst sein, ganz und heil. Ein vorübergehendes Gefühl von Gelöstheit genügt schon, um unserem Selbstheilungsmechanismus die nötige Verschnaufpause zum Arbeiten zu geben. Meditation führt aber nicht nur zur körperlichen und seelischen Entspannung, sie läßt uns auch den spirituellen Aspekt unseres Seins wahrnehmen, jene Quelle tiefen Friedens, der Freude und Stille. Sie gibt uns das Gefühl, eins zu sein mit dem Universum, ein Gefühl unpersönlicher Liebe. Lehrer der Transzendentalen Meditation behaupten, diese Technik führe zur intensiveren Integration von Mental-, Emotional- und Kreativitätsebene. TM ist

eine Methode, bei der die unausgesprochene Wieder-
holung eines einzelnen Wortes – auch Mantra genannt
– einen höheren Bewußtseinszustand erreichen soll.
Die monotonen, verbalen Rezitationen der buddhisti-
schen Gesänge verfolgen den gleichen Zweck.
Meditationsarten wie TM verändern die Gehirnwellenmuster u.a. dahingehend, daß sie beide Gehirnhälften
in Einklang miteinander bringen. Inzwischen haben
umfangreiche Untersuchungen die verschiedenartigen
Funktionsweisen beider Gehirnhälften nachgewiesen.
Die linke Hemisphäre arbeitet logisch und intellektuell; sie repräsentiert die 'maskulinen' Qualitäten des
Menschen und ist im allgemeinen bei westlichen Völ-
kern gut entwickelt.
Die rechte Hemisphäre steht in Zusammenhang mit
Erkenntnis, Kunstsinn und Intuition. Dieser 'femi-
nine' Aspekt, die mythische Seite des Gehirns, reagiert
auf Schönheit und Musik. Die ausgewogene Aktivität
beider Gehirnhälften ist für die Wirksamkeit eines Heilungsprozesses unerläßlich. Meditation verhilft zur inneren Ausgeglichenheit, sie führt in das ruhevolle Zentrum des Seins.
David Harvey sagt dazu: „Cades Untersuchungen auf
dem Gebiet der Meditation und Geistheilung lassen
den Schluß zu, daß die fünfte Bewußtseinsebene der
Hauptschlüssel zum Mysterium der Heilung zu sein
scheint. Testpersonen, die mit Hilfe von Biofeedback
und Meditation diese Ebene erfolgreich anstrebten,
um krankhafte Zustände, wie Platzangst, Depressio-
nen, Ängstlichkeit und Ohrensausen zu überwinden,
demonstrierten, daß die bilaterale Symmetrie der Ge-
hirnfunktion der zentrale Ausgangspunkt für die allge-

meine Gesundheitskontrolle ist. Die Vorstellung von einem ausgeglichenen, gesunden Menschen erhält hierdurch eine neue Dimension."

Selbstheilung bei akuten Schmerzen

Die Schmerzwahrnehmung hängt von vielerlei Faktoren ab; unserem Schmerzempfinden in der Vergangenheit, gutem Schlaf bzw. Schlaflosigkeit und unserem allgemeinen Entspannungszustand. Sind wir physisch und psychisch entspannt, verliert der Schmerz an Stärke. Je größer er jedoch ist, desto verkrampfter werden wir. Dröhnende Kopfschmerzen und brennendes Zahnweh beanspruchen unsere Aufmerksamkeit derartig, daß wir unmöglich an etwas anderes denken können, schon gar nicht an Entspannungsübungen.

Geben Sie acht, wenn der Schmerz überhandnimmt! Setzen Sie sich still hin und nehmen ihn mit geschlossenen Augen ganz bewußt und konzentriert wahr. Fühlen Sie seine Größe, Form, Reichweite, Farbe, Schwingung, Dichte und Rauheit – fühlen Sie jede Einzelheit und richten Ihr gesamtes Augenmerk ausschließlich auf die schmerzende Stelle.

Normalerweise laufen wir instinktiv vor dem Schmerz davon, wir wollen nichts mit ihm zu tun haben. Doch je heftiger wir uns gegen ihn wehren, desto intensiver zerrt er unsere Aufmerksamkeit an sich, und wir verkrampfen uns immer mehr. Beachten wir ihn aber, dann beginnen wir uns zu entspannen.

Indem Sie sich mit den einzelnen Aspekten des Schmerzes und seinem gesamten Ausmaß vertraut machen, erkennen Sie, daß er sich unter Umständen verschiebt und wandelt. Sie dürfen ihn aber auf keinen

Fall außer Kontrolle lassen und müssen jede kleinste Veränderung genau registrieren. An diesem Punkt kann es passieren, daß eine innere Stimme etwas 'sagt' oder ein bestimmtes Gefühl, ja sogar ein Bild in Ihnen auftaucht. Gehen Sie diesen Dingen nach; Ihr Körper versucht, Ihnen eine Botschaft zu übermitteln. Seien Sie jedoch unbesorgt, wenn nichts dergleichen geschieht, da es für den Erfolg des Gesamtprozesses nicht unbedingt erforderlich ist. Haben Sie den Schmerz in allen Einzelheiten genau erkannt, dann sollten Sie sich für einen der folgenden Wege entscheiden. Sie können es z.B. dabei belassen und weiterhin den Schmerz, so wie er ist, untersuchen. Sie können ihn aber auch größer werden lassen – stellen Sie sich vor, er wachse immer weiter, bedecke Ihren gesamten Körper und erstrecke sich soweit über diesen hinaus wie Sie es ertragen. Je ausgedehnter er wird, desto mehr verliert er an Größe und Intensität. Andererseits können Sie sich den Schmerz aber auch immer kleiner werdend vorstellen, bis er schließlich nur noch einen winzigen Punkt darstellt. Nach einer alt überlieferten Methode, Kopfschmerzen zu bekämpfen, legt man den Zeigefinger in die Mitte der Stirn und konzentriert den gesamten Schmerz auf ihn. Danach zieht man den Finger langsam fort, und mit ihm den Schmerz – je weiter Sie den Finger von sich entfernen, desto weiter entfernen sich auch die Kopfschmerzen. Es ist ratsam, anschließend die Hände zu waschen, wodurch gleichzeitig der Schmerz mit weggespült wird. Das Ganze kann, wenn erforderlich, wiederholt werden.

Einige Selbstheilungsübungen

Grundvoraussetzung jeder Selbstheilungsübung ist völlige Entspannung. Haben Sie diesen Zustand erreicht, dann können Sie nach folgenden Beispielen vorgehen.

Ich selbst machte die Erfahrung, daß die erste Übung der Geistheilung durch Handauflegen sehr nahe kommt. Man könnte sie sozusagen als Direktwahl bezeichnen, will man einen Vergleich aus dem Telephonwesen nehmen.

Setzen Sie sich aufrecht und bequem auf einen Stuhl, beide Füße flach auf dem Boden. Kommen Sie innerlich vollkommen zur Ruhe. Stellen Sie sich nun einen lichten Punkt vor, der von der Wirbelsäulenbasis ausgehend nach unten strahlt, den Stuhl durchströmt, den Fußboden, die Hausfundamente, die Erde, bis hin zur Erdmitte. Hier verankert sich der Strahl mit dem Herzen der Erde. Fühlen Sie es ganz deutlich. Ein zweiter Lichtstrahl, der direkt oberhalb Ihres Kopfes seinen Ursprung nimmt, wandert ebenfalls abwärts und verbindet sich an der Wirbelsäulenbasis mit dem bis zur Erdmitte reichenden Licht. Wenn Sie diese Verbindung intensiv spüren, dann wenden Sie Ihre Aufmerksamkeit wieder jenem Lichtpunkt über dem Kopf zu und lassen ihn höher und höher steigen, über das Dach hinaus in die Atmosphäre; er durchstößt die Wolkendecke und Stratosphäre und ergießt sich in den Himmel; seine Strahlkraft ist so stark, daß er die Quelle allen Seins erreicht (Sie mögen es auch Gott oder Paradies nennen; die Bezeichnung spielt keine Rolle, wichtig ist nur, daß dieses Licht eine Quelle der Kraft berührt, unter der Sie sich etwas vorstellen können). Fühlen Sie nun, wie diese innige Verbindung Ihren Körper mit Liebe, Wärme und heilender Energie durchströmt.

Eine andere wirkungsvolle Übung ist die Vorstellung von einem Wasserfall. Seine heilenden Wasser waschen Sie buchstäblich rein von allen quälenden Schmerzen. Ähnliche Wirkung besitzen Heilfarben – in blauem Licht zu baden, wirkt besänftigend, Rot dagegen vermittelt das Gefühl von Wärme.

Visualisation kann eine besonders wirksame Form der Selbstheilung sein. Haben Sie z.B. das Bein gebrochen, dann stellen Sie sich bildhaft vor, daß Sie ganz normal umhergehen. Ihre Vorstellungskraft mag die Form eines Mentalbildes annehmen, vielleicht aber auch ein allgemeines Empfinden für die richtigen Bewegungen hervorbringen.

Visualisation läßt manche Menschen 'sehen', andere riechen, fühlen, hören oder aber ganz einfach wissen. Jene, die ihr sorgfältig ausgearbeitetes Vorstellungsbild klar und deutlich sehen, sind glücklich zu schätzen, da sie etwas besitzen, an dem sie sich festhalten und das sie betrachten können. Schwieriger wird es, wenn das Ganze eine Frage des Vertrauens ist. Ich z.B. gehöre zu diesen Menschen, vielleicht auch Sie. Indem man sich seiner Sinne, insbesondere des Gefühls für seinen Körper, bewußt ist und weiß, daß etwas geschieht, täuscht man ein Vorstellungsbild eigentlich nur vor. Gleichgültig welche Art der Imagination Ihnen naturgegeben ist, es bleibt stets eine Sache des Vertrauens. Ich 'sehe' immer noch recht wenig mit meinen geistigen Augen, doch mein Gespür für das, was geschieht, ist äußerst intensiv, so klar, daß ich den Unterschied der einzelnen Farben fühle. Man kann es nur schwerlich beschreiben, aber seien Sie unbesorgt, selbst wenn Sie nichts 'sehen', eine Heilung erfolgt dennoch.

Nach der Selbstheilungsübung

Jede Heilbehandlung, auch die Selbstheilung, führt in eine andere Bewußtseinsebene. Daher ist es wichtig, nach der Behandlung in das Alltagsbewußtsein zurückzukehren. Es genügt schon, wenn Sie sich wie eine Katze strecken oder mit den Füßen auf den Boden stampfen und die Hände reiben. Jede physische Bewegung, die Ihnen Ihren Körper und den Boden wieder bewußt macht, erfüllt ihren Zweck. Die gleiche Wirkung wird erreicht, wenn Sie die Hände waschen und einen Schluck Wasser trinken.

Kapitel 11

Was vermag geistiges Heilen in der Sterbestunde zu bewirken?

Hebammen stehen Säuglingen bei ihrem oft mühevollen Weg in diese Welt hilfreich zur Seite, doch wer hilft uns, wenn wir sie wieder verlassen müssen? Es hat sich gezeigt, daß Geistheilung in diesen Augenblicken sehr wertvoll sein kann.

Michael Bentine, dessen beide Töchter an Krebs starben, berichtet: „Ihre Augen leuchteten auf, sobald der Geistheiler das Zimmer betrat; das genügte mir, um zu wissen, wie sehr meinen beiden Mädels geholfen wurde."

Obgleich kein Heiler den Tod verhindern kann, so vermag er dennoch dem Patienten das Sterben oft allein durch seine Anwesenheit zu erleichtern. Sicherlich geschehen manchmal Wunder, und die Heilbehandlung führt eher zum Leben als zum Sterben.

Der sogenannte zivilisierte Mensch zeigt sich in der Sterbestunde nicht gerade von seiner allerbesten Seite. Wenn Sie *"Little Big Man"* gesehen haben, dann erinnern Sie sich gewiß an die Würde und Anmut, mit der sein indianischer Stiefvater dem Tode begegnete, als er sagte: „Es scheint ein guter Tag zum Sterben zu sein." Im Angesicht des Todes, wenn unsere gesamte Denkungs- und Einstellungsweise einen dramatischen Wandel erfährt, diese Haltung zu zeigen, bildet wohl eine Ausnahme. In der Viktorianischen Epoche war

Sterben mit viel Pomp und Aufwand verbunden. Über Sex wurde nicht gesprochen, höchstens hinter verschlossenen Türen leise davon geflüstert. In unserem Jahrhundert ist er ein offen diskutiertes Thema, das heutige Tabu heißt Tod. Die vielversprechenden Wunder moderner Wissenschaft und Medizin verbieten es geradezu, den Tod zum Problem werden zu lassen, es scheint anstößig und unklug zu sein.

Doch das hat sich inzwischen geändert. Trotz der bedeutenden medizinischen Fortschritte quält der Tod unsere Zivilisation immer noch. AIDS wurde zur gefürchtetsten Krankheit, und es ist kein Wunder, daß sie gerade jene Menschen schreckt, die sich tagtäglich von den Medien berauschen lassen. Die Helden und Heldinnen der Fernsehsendungen sind jung, attraktiv und sexy – sie sind es, die das größte Risiko eingehen. Es scheint, als schwinge das Pendel wieder zur anderen Seite hin, das Thema Sex zieht sich hinter verschlossene Türen zurück, dafür tritt der Tod erneut ans Tageslicht. AIDS ist, soviel wir wissen, eine durch Sexualität übertragene Krankheit und zwingt die Menschen, über zwei Dinge nachzudenken, Sex und Leben – Tod und Sterben.

Priester helfen dem Sterbenden, indem sie nach alt überlieferter Form Segensworte sprechen, ein Geistheiler tut es auf seine Weise.

Menschen, die dem Tode gerade noch entronnen sind, wissen erstaunliche Dinge zu berichten. In den meisten Fällen blicken sie auf ihren eigenen Körper hinab und beobachten die Wiederbelebungsversuche von Ärzten und Krankenschwestern. Dann gehen sie durch einen Tunnel oder überqueren eine Brücke.

Stets empfängt sie jemand, den sie lieben und der sie zu einem klaren, weißen Licht führt. Dieses Licht taucht sie in ein Gefühl von Liebe und tiefem inneren Frieden. Niemand, der es erreichte, ist je zurückgekehrt. Jene aber, die dem Tode nahe waren, überwältigte das gleiche Empfinden von 'heimgehen', und eine gewisse Traurigkeit erfüllte sie, daß ihre Zeit noch nicht gekommen war.

Dr. Elisabeth Kübler-Ross, die vielen Menschen in der Sterbestunde beistand, erklärt: „Ich erlebte hunderte von Fällen, in denen Menschen ähnliche außerkörperliche Erfahrungen zuteil wurden, und ihre Berichte gleichen einander sehr. Sie sind sich dessen vollkommen bewußt, daß sie ihren Körper abstreifen, wie ein Schmetterling seinen Kokon. Wir besitzen heute beeindruckende Zeugenaussagen über diesen Vorgang. Tod ist der Übergang in eine höhere Bewußtseinsebene. Es ist, als lege man seinen Wintermantel beiseite, da er nicht mehr gebraucht wird.

Keiner meiner Patienten, der diese Erfahrung jemals machte, fürchtet sich noch vor dem Tod. Viele berichten von dem stillen Frieden, der ihnen zuteil wurde — einem wunderbaren, unbeschreiblichen Frieden, in dem es keine Angst, keine Schmerzen gibt. Sie sprechen auch von einem tieferen Verständnis für die inneren Zusammenhänge; was zählt, ist das Maß der Liebe und sorgenden Aufmerksamkeit, die den Mitmenschen zu Lebzeiten entgegengebracht worden ist. Wenn man um diese Dinge weiß, dann kann der Tod unmöglich noch schrecken." (*The Life of Elizabeth Kübler-Ross* von Derek Gill, Ballantine Books, 1980). Die meisten Menschen sind jedoch nicht davon überzeugt, daß der eigene Tod nur ein Übergang in andere Welten ist, und es immer "ein schöner Tag zum Sterben" sein wird. Sie brauchen Hilfe, um damit fertig zu werden. Hier kann die Aufgabe des Geistheilers liegen.

Es mag wenige, wertvolle Menschen auf dieser Erde geben, die durch ihre reine, bedingungslose Liebe jemanden, dem sie nahestehen, ermutigen können, leicht aus dem Leben zu scheiden. Meistens sind Sterbende von Menschen umgeben, die genau das Gegenteil tun. Ärzte und Krankenschwestern hassen den Tod, da er einem Fehlschlag gleicht. Liebende, Eheleute, Eltern und Kinder hassen ihn, weil er den geliebten Menschen stiehlt. Manche Geistheiler können in derartigen Fällen helfen. Ihre vorbehaltlose Liebe ermöglicht es ihnen, den Patienten zu leiten und zu unterstützen − ungeachtet dessen, ob dies zur Heilung, d.h. physischen Genesung führt oder zum Übergang in ein anderes Leben.

Manche Heiler sind der Ansicht, der Sterbevorgang verbrauche Energie, die durch geistiges Heilen gegeben werden kann. Jessica Macbeth glaubt, dieser Energieverbrauch sei auf den Übergang von einer Ebene in die andere zurückzuführen. Sie vergleicht es mit dem Kochprozeß des Wassers: Dampferzeugung verbraucht Energie, ähnliches geschieht während der Geburt bzw. des Sterbens.

Ich bin der Auffassung, die helfende Wirkung geistigen Heilens beruht darauf, daß der Sterbende mehr mit dem nicht-physischen Teil seines Seins in Verbindung steht als mit dem physischen.

Man fühlt instinktiv, daß er 'nicht mehr völlig anwesend' ist, er kommt und geht. Es ist, als müsse sein Geist erst lernen, den abgenutzten Körper endgültig zu verlassen. Gute Heiler helfen dem Patienten dabei, sich mit den anderen Dimensionen ihrer selbst vertraut zu machen. Aber auch einen Heiler kann der Tod verwirren; das hängt von seiner Bewußtseinsebene ab, und oft glaubt er, er habe versagt, wenn der Patient stirbt. Geben die Ärzte einem Patienten nur noch eine kurze 'Lebensfrist', dann ist es besonders wichtig, einen Heiler zu finden, der dem Sterbevorgang positiv gegenübersteht.

Der Segen geistigen Heilens zeigt sich aber nicht nur während des Sterbeprozesses; mitunter trägt er dazu bei, den Tod hinauszuzögern, eine Tatsache die allgemein verblüfft. Jessica Macbeth erlebte diese ungewöhnliche Wende bei ihrer Mutter: „Meine Mutter wurde wegen nekrotischer Pankreatitis (gewebszerstörende Bauchspeicheldrüsenentzündung) auf dem schnellsten Wege ins Krankenhaus eingeliefert. Laienhaft ausgedrückt heißt das, sie war zum Tode verurteilt. Selbst ansonsten kerngesunde Menschen überleben diesen Zustand höchstens drei bis vier Tage. Sie lag auf der Intensivstation, und ich durfte stündlich für fünf Minuten bei ihr sein. Ich legte meine Hand auf ihren Arm und fühlte, wie mich Ströme von Energie durchfluteten. Meine Mutter stand unter starken Beruhigungsmitteln, doch einmal sagte sie: „Mein Gott, sind deine Hände heiß." Dies waren seit Tagen die einzigen zusammenhängenden Worte, die sie sagte. Am fünften Tag wurde sie aus der Intensivstation entlassen."

Jessicas Mutter lebte noch achtzehn Monate, und bis

auf den letzten genoß sie jeden einzelnen. Jessica war bei ihr, als sie starb und sagt: „Ich hielt still ihre Hand. Manchmal geschehen Wunder, es ist nicht Sache des Heilers, zu entscheiden, was das Beste für den Patienten ist, Leben oder Tod."

Kapitel 12

Sind wir alle Heiler?

Wir alle sind Heiler – jeder besitzt diese angeborene Fähigkeit. Ich teile sie mit dem Rest der Menschheit, aber ich behaupte, nicht mehr und nicht weniger ein 'professioneller' Heiler zu sein als ein professioneller Maler, Tänzer oder Sänger es ist. Manchmal bittet man mich um Heilbehandlung, manchmal durchströmt mich die Heilenergie. In diesen wunderbaren Augenblicken möchte ich nur noch Heiler sein. Manchen Menschen bedeutet geistiges Heilen mehr, sie fühlen sich förmlich dazu getrieben.

Wenn Sie dieses Buch als Patient gelesen haben, dann möchten Sie jetzt vielleicht einen Schritt weitergehen und selbst Heiler werden. Wir alle besitzen die Gabe zu heilen. Es handelt sich also nur um eine Frage der Zeit und Energie, die Sie zu deren Entfaltung gewillt sind einzusetzen. Die Antwort mag von verschiedenen äußeren Faktoren abhängen. Es gibt zahlreiche Schulungskurse, und die im Anhang aufgeführten Organisationen weisen Ihnen vielleicht den richtigen Weg.

Ich hoffe, vorliegendes Buch vermittelt Ihnen einen Ansatzpunkt und gibt Ihnen ausreichende Informationen.

Wie wissen Sie, ob jemand geheilt werden möchte?

Es reicht nicht aus, daß Sie *denken*, jemand bedürfe

der Heilung – auch der 'Patient' muß sich dessen bewußt sein, er muß es *wollen*. Es gibt Heiler, die eine Behandlung niemals anbieten, sie warten, bis sie darum gefragt werden. Andere wiederum bekennen zwar offen ihre Bereitschaft, drängen sich aber nicht auf.

Sie mögen vielleicht das Empfinden haben, jemand bedürfe einer Heilbehandlung, da ihre Hände von Wärme durchflutet sind. So stark Ihr Gefühl auch sein mag – fragen Sie zuerst.

Einfache Heiltips

Stehen Sie aufrecht, beide Füße fest auf dem Boden. Entspannen Sie, indem Sie sich auf den Atem konzentrieren. Sind Sie entspannt und in Ihrer Mitte ruhend, dann legen Sie beide Hände auf die Schultern des Patienten.

Dies ist der Augenblick, in dem Sie innerlich "Hallo" sagen, jener Augenblick, wenn Sie still um Erlaubnis fragen, fortzufahren, um die Heilkraft aus höchster Quelle bitten, damit der Patient geheilt werde. Vielleicht drängt es Sie, in diesem Moment ein kurzes Gebet zu sprechen.

Stellen Sie sich nun, wie es bereits bei den Selbstheilungsübungen beschrieben wurde, einen Lichtpunkt oberhalb Ihres Kopfes vor, der nach unten strahlt, durch Ihren Körper zum Boden und weiter ins Erdzentrum. Stellen Sie sich vor, er treffe mit einem ähnlichen Lichtpunkt über dem Kopf des Patienten zusammen. Die vereinte Energie strebt aufwärts und verbindet sich mit der Quelle unerschöpflicher Kraft, mit Gott oder dem Ursprung allen Seins. Dies ist der Augenblick des Einschwingens, des Einsseins.

Fühlen Sie, wie die Heilenergie dieser Quelle entspringt, den Lichtpunkt über ihrem Kopf durchflutet und sich durch Ihre Hände auf den Patienten ergießt. Sie wirken sozusagen als Durchlaßgefäß für diesen Energiestrom, und es genügt, wenn Sie einfach nur dastehen und geschehen lassen. Vielleicht haben Sie auch das Bedürfnis, Ihre Hände auf eine bestimmte Körperstelle des Patienten zu legen oder sie langsam seinen Rücken entlanggleiten zu lassen. Was immer Sie auch tun, verlassen Sie sich auf Ihre Intuition. Vielleicht möchten Sie auch den Patienten fragen, ob er es wünscht, daß Sie Ihre Hände an eine bestimmte Stelle legen.

Während des Heilvorgangs nehmen Sie vielleicht wahr, daß etwas 'geschieht' – selbst wenn Sie nicht genau wissen, was es ist. Es kann ein leichtes Vibrieren in Ihren Fingerspitzen sein, oder Wärme oder einfach nur 'irgendetwas' – vertrauen Sie diesem Etwas.

Häufig erkennt man sehr genau, wann die Heilbehandlung beendet ist. Ihre Hände fühlen sich wieder ganz normal an, der Vorgang ist abgeschlossen. Legen Sie diese wieder auf die Schultern des Patienten und sagen in Gedanken "Danke" und "Lebewohl". Sie können dem Patienten auch den Vorschlag machen, sich zu strecken bzw. Hände und Füße zu reiben, damit er wieder in die Alltagsebene zurückkommt.

Auch Sie als Heiler sollten in ähnlicher Weise 'zurückkehren'. Ich persönlich wasche am liebsten meine Hände unter kaltem Wasser ab und damit gleichzeitig auch die enge Verbindung zum Patienten. Es macht

mich frisch für das, was als nächstes auf mich zu-
kommt. Die in Ihrem eigenen Körper zirkulierende
Heilenergie übt die gleiche Wirkung aus und bedarf
keiner Wasserleitung.

Kapitel 13

Geistiges Heilen gestern und heute

In den letzten Jahren hat das Interesse an geistiger Heilung einen gewaltigen Aufschwung genommen – sowohl bei der Bevölkerung als auch im medizinischen Bereich. Geistheilung ist jedoch keine vorübergehende Laune – ihre Geschichte ist so alt wie die Menschheit selbst. Viele Spuren aus der Vergangenheit sind heute noch lebendig und geben Einblick in die Ursprünge geistigen Heilens.

In Cromwell sind sie besonders auffällig. Wandert man in den Steinkreisen umher oder sitzt still da im Halbdunkel der Abenddämmerung, dann tauchen ferne Erinnerungen in unserem Bewußtsein auf. In diesen Augenblicken ist man eng verbunden mit der Erde, schwingt in ihrem Rhythmus und kann sich kaum vorstellen, daß die Haut die äußerste Begrenzung unserer Existenz sein soll – die Luft ist erfüllt von Energie und die Steine vibrieren vor Lebenskraft.

Wissenschaftler behaupten, der Granit sende Strahlen aus, und Rutengänger entdecken Erdenergielinien, die in diesen Steinkreisen aufeinandertreffen. Dies alles läßt vermuten, daß unsere Vorfahren um die Energie wußten, sie an jenen Orten zentrierten und wohl auch zu Heilzwecken nutzten.

Der zivilisierte, rein intellektuell ausgerichtete Mensch kann zwar Mond und Sterne erreichen, doch es sind die Urvölker, jene sogenannten 'primitiveren' Kulturen, die uns den Weg zu unserem wahren Selbst weisen. Sie haben die Verbindung zu ihren spirituellen Wurzeln nie verloren, der zivilisierte Mensch muß sie erst wieder neu entdecken.

Einen mutigen Anthropologen würde es viel Zeit kosten, wollte er die zahlreichen Querverbindungen zwischen den einzelnen, noch übriggebliebenen Stammesvölkern herausarbeiten. Einige interessante Ähnlichkeiten in bezug auf geistiges Heilen sind jedoch unübersehbar.

Zauberdoktor, Medizinmann, weise Frauen und dergleichen scheinen das Hauptverbindungsmerkmal dieser alten Kulturen zu sein. Ihr Funktionsbereich erstreckt sich vom Zeremonienmeister, politischen Berater und Beichtvater bis hin zum Heiler. Doch stets beruhte ihre zentrale Aufgabe darin, zwischen vergänglich-physischer und ewig-geistiger Welt eine Verbindung herzustellen. Bei der Behandlung des Kranken ließen sie niemals den geistigen Aspekt außer acht, und so standen Zeremonien und Rituale gleichwertig neben Kräutern und Medizinen.

Geistheilung blickt aber auch bei den 'zivilisierten' Menschen auf eine lange Tradition zurück. Der Caduceus, ein von zwei Schlangen umschlungener Stab, ist heute noch Symbol der Medizin, und er führt uns auf unmittelbarem Wege in die Antike. Die Schlangen stehen nicht nur symbolisch gesehen mit der Heilenergie in Verbindung. Die von der Wirbelsäulenbasis ausgehende Kraft gleicht tatsächlich zwei sich emporwindenden Schlangen. Mystiker des Ostens nennen sie Kundalini; sie umkreist die Hauptenergiezentren oder Chakras.

Die Symbolik des Caduceus ist schwierig zu erfassen. Hermes, jener gaunerhafte Bote Merkurius, verzauberte seinen Kommandostab in die Gestalt eines Schlangenpaares, wenn er die Seelen zur Hölle geleitete.·

Die alten Griechen glaubten, die Entstehung der Welt sei auf die Vereinigung der Weltenschlange Ophion und der Erhabenen Göttin zurückzuführen, die sich zu diesem Zwecke in eine Schlange verwandelt hatte. Sie legte das Weltenei, das wie ganz gewöhnliche Schlangeneier von der Sonne ausgebrütet wurde.

Im alten Griechenland feierte man dieses Ereignis als Frühlingsfest der Sonne. Es ist interessant, daß heute noch der Frühling zu Ostern mit Eiern begrüßt wird.

All das scheint wenig mit geistigem Heilen zu tun zu haben. Doch in der griechischen Mythologie heißt es, der Sonnengott Apollo habe einen Sohn mit Namen Äsculapius; er war der Gott der Medizin (seine Tochter Hygeia die Göttin der Gesundheit). Es ist wohl kaum nachweisbar, ob tatsächlich ein Mann namens Äsculapius um 1000 v. Chr. gelebt und als Heiler gewirkt hat, oder ob es sich lediglich um einen Mythos handelt. Wie dem auch sei, faszinierend bleibt diese Sage dennoch.

Selbst die Geburt jenes Gottes der Medizin war übernatürlich. Der Sonnengott Apollo, sein Vater, soll ihn dem flammenden Scheiterhaufen entrissen haben, auf dem der Körper seiner Mutter verbrannt worden war. Der Zentaur Chiron nahm ihn in seine Obhut und lehrte ihn das Jagen und die Medizin. Angeblich waren seine Heilfähigkeiten so groß, daß Klage gegen ihn erhoben wurde, er handle wider die Naturgesetze, und Zeus ihn mit einem Blitzstrahl erschlug. Überall in

Griechenland errichtete man herrliche Heiltempel, die das Äsculapsymbol enthielten, und Kranke verbrachten dort die Nacht, in der Hoffnung, daß der Gott der Heilung sie in ihren Träumen heimsuche.

Jesus Christus und seine Heiltätigkeit muß zu der Auffassung geführt haben, er sei ein anderer Äsculapius, der seinerseits ein anderer Imhotep, der ägyptische Gott des Heilens, zu sein schien. Es gibt Parallelen, aber auch Unterschiede.

Den Juden war geistiges Heilen nicht unbekannt, denn vor allem Elijah und Elisha vermochten Tote zum Leben zu erwecken und Leprakranke zu heilen (Könige 1,17; 17-23; Könige 2,4: 18-37; Könige 2, 5: 1-14).

Für die westliche Kultur ist Christus der bedeutendste Heiler — für manche sogar der einzige. In aufsehenerregender, wundersamer Weise bewies er, daß physische Krankheiten auf geistigem Wege geheilt werden können. Er bediente sich einer Vielfalt an Heilungstechniken — dem gesprochenen Wort, der Fernheilung und natürlich der Handauflegung.

Auch die Apostel heilten, ja selbst der Schatten des Hl. Petrus soll über heilende Kräfte verfügt haben. Die frühen Christen glaubten, Heilen läge im Aufgabenbereich der Kirche. Besaß ein Laie die Gabe des Heilens, dann qualifizierte er sich damit zur Priesterweihe.

Hippocrates war vielleicht der erste 'moderne' Arzt, der Geistheilung vom objektiv klinischen Standpunkt aus betrachtete. Im Jahre 5oo v. Chr. schrieb er: „ Erfahrene Ärzte glauben, daß die Wärme, welche den Händen entweicht und auf den Kranken übertragen wird, höchst heilsam wirkt … Während ich versuchte, die Schmerzen meiner Patienten zu lindern, schien es oft, als besäßen meine Hände die einzigartige Eigenschaft, Schmerzen und andere Unreinheiten herauszuziehen und das, wenn ich nur die Hände auf die schmerzhafte Stelle legte oder meine Fingerspitzen auf sie lenkte. Nur wenige wissen, daß Gesundheit durch bestimmte Handbewegungen auf den Kranken übertragen werden kann, ebenso wie gewisse Krankheiten ansteckend sind."

Erst im 19. Jahrhundert würdigte die moderne Schulmedizin Hippocrates Theorie von den Krankheitserregern. Es überrascht daher wenig, wenn seine Vorstellungen über die Wirksamkeit des Handauflegens erst Ende des zwanzigsten Jahrhunderts vollkommen anerkannt und geschätzt werden.

Die Heiler nahezu aller Kulturen betonen seit alters her, die symbolische Bedeutung der Krankheit an sich. Krankheit, so glaubte man, sei eine Botschaft der Götter, Gottes oder der Natur selbst. Der Kranke wandte sich daher an einen Vermittler, damit dieser das Krankheitsbild erläutere und ihn mit den strafenden Kräften wieder versöhne. Da der Heiler Verbindungsglied zwischen Gott und dem Patienten ist, sprach die frühe Christenheit auch vom Priesterheiler. Doch im Verlaufe ihrer zunehmenden Verstaatlichung konzentrierte sich die Kirche mehr auf den lehrenden, weniger den heilenden Aspekt des Werkes Christi. Im 13. Jahrhundert verbot ein päpstliches Dekret sogar den Priestern, chirurgische Eingriffe vorzunehmen und Sektionen durchzuführen; selbst das Anatomiestudium wurde als frevlerisch verdammt. Dies führte zur Trennung von geistiger und körperlicher Heilung. Diese Trennung von Körper und Geist überdauerte etwa siebenhundert Jahre. Dr. Jan Pearce klagt in seinem Buch *The Gate of Healing* (Spearman, Jersey, 1983): „Hätte die Kirche mit der Wissenschaft zusammengearbeitet, anstatt sie zu verdammen; hätte sie den spirituellen Aspekt beibehalten, anstatt sich in theologischen Streitgesprächen und Machtbestrebungen zu verzetteln, dann wäre sie nicht dem Irrtum des Dualismus erlegen, der Trennung von Körper und Geist, und die Dinge lägen heute anders." Doch die Kirche stand jeder geistigen Heilung negativ gegenüber und war bemüht sie auszurotten. Heiler liefen Gefahr, der Hexerei angeklagt zu werden, wobei es keine Rolle spielte, ob sie halfen oder nicht. In jedem Falle führte man genügend Beweismaterial an, um sie zu verurteilen und zu bestrafen. Natürlich gab es auch Ausnahmen, und manche Heiler wurden respektiert und bewundert, so z.B. der berühmte Engländer Valentine Greatrakes, bekannt als "The Stroker", der im 17. Jahrhundert lebte.

Greatrakes heilte vor allem Hauttuberkulose, jene schauderhaft verunstaltende Krankheit, die wir als Skofulose bezeichnen. Seit der Zeit König Edwards dem Bekenner glaubten die Menschen, die königliche Berührung könne sie heilen – daher der Name Königskrankheit. König Charles der Zweite berührte zweiundneunzigtausendundeinhundertsieben Menschen; viele wurden im Jahre 1684 in den drängenden Massen zu Tode getrampelt. Dr. Johnson, der erst zweieinhalb Jahre alt war, als Königin Ann ihn 1712 berührte, ist der letzte bekannte Fall in England, der auf diese Weise geheilt wurde.

Die Mitglieder des Königshauses besaßen natürlich besondere Privilegien und Stroker wurde von der Aristokratie allgemein anerkannt. Die Hexenjagd, die über das Europa des 14. bis 16. Jahrhunderts tobte, zeigte deutlich, daß Geistheilung eine außerordentlich prekäre Angelegenheit war.

Allein das Wort "Hexerei" trifft uns. Unser modernes Bewußtsein leidet unter den Greueltaten vergangener Jahrhunderte, so z.B. der Hexenverfolgungen in Europa. Die Befürwortung der Hexenjagd scheint heute noch lebendig zu sein, wenn es heißt: „...es wäre tausendmal besser für den Staat, würden alle Hexen, insbesondere die begnadeten, den Tod erleiden." Die meisten Hexen waren arme, ungebildete, aber weise Frauen, die den Dorfkranken halfen. Was sie zu sagen hatten, wurde mündlich weitergegeben, nicht für zukünftige debattierende Schüler niedergeschrieben.

Ein leicht unangenehmer Beigeschmack ist geblieben. Irgendwo in unserem Bewußtsein hat sich das Empfinden eingenistet, Geistheilung sei nichts Rechtes, da sie in gewisser Weise mit Zauberei in Zusammenhang stehe. Außerdem ist sie gefährlich, etwas Undefinierbares, Düsteres umgibt sie. Die Hexenverfolgungen haben zweifellos ihre Spuren in uns hinterlassen, doch die Aufklärung, die mit der Französischen Revolution 1789 eingeleitet wurde, versetzte uns in weit größeres Erstaunen. Man betrachtete die Welt mit anderen Augen: der Mensch entdeckte, daß die Erde rund und nicht flach ist, daß sie sich um die Sonne dreht und nicht umgekehrt. Später dann trennte man die logisch-wissenschaftliche Welt von der unlogisch-spirituellen. Aufgrund der Überbetonung des Rationalismus wurde Geistheilung eher unmodern. Abgesehen von wenigen weisen alten Heilern, die ihre Kunst still und im Verborgenen ausübten, tauchte geistiges Heilen plötzlich unter den verschiedensten Aufmachungen und Namen auf. Es war allgemein üblich, alles in ein logisch-wissenschaftliches Gewand zu hüllen. Franz Mesmer (1733-1815) z.B. bezeichnete Geistheilung als "animalischen Magnetismus". In den vierziger Jahren entdeckte der Industrielle Baron Karl von Reichenbach Kreosot und Paraffin; er war fasziniert von der, wie er es nannte, "Odausstrahlung". Geistheilung fand, wenn auch unter anderer Bezeichnung, den Weg zurück in die Kirche. Der amerikanische Magnetiseur Phineas Quimby inspirierte Mary Baker Eddys "Christliche Wissenschaft". Ein weiteres Beispiel ist der Prediger John Wesley, Begründer des Methodismus, der ebenfalls an Geistheilung glaubte. Mitglieder seiner Kongregation erlebten Spontanheilungen, während sie seinen Predigten lauschten. Wesley schrieb: „Die Liebe Gottes ist das stärkste Heilmittel für alle Krankheiten. Besonders wirkungsvoll beugt sie körperlichen Störungen vor, die durch Leidenschaften ausgelöst werden, da diese ihre angemessenen Grenzen nicht überschreiten. Die unaussprechliche innere Freude und Stille, die dem Geist Heiterkeit und Ruhe schenkt, macht sie zum wirksamsten Heilmittel für Gesundheit und Leben."

Ende des 19. Jahrhunderts verband man mit dem Begriff Geistheilung keine klare Vorstellung mehr. Sie wurde eher zu den spukhaften Randgebieten der Spiritistenkirche gezählt. Da Anglikaner und Katholiken vorwiegend mit ihrer Missionsarbeit beschäftigt waren, kümmerten sie sich nur wenig um Geistheilung in ihrem eigenen Land. Anfang des 20. Jahrhunderts tauchten erste Anzeichen einer erneuten Zusammenführung von Logik und Geist auf, und geistiges Heilen wurde innerhalb und außerhalb der Kirche neu belebt.

Im Jahre 1905 gründeten drei anglikanische Geistliche die" Gilde für Gesundheitswesen"; sie beabsichtigten damit, der weitreichenden Verantwortung der Kirche auf dem Gebiet von Gesundheit und Heiltätigkeit wieder Aufmerksamkeit zu schenken. Diese Gemeinschaft war jedermann zugänglich – die sogenannte Raphael-Gilde hingegen blieb Angehörigen der anglikanischen Kirche vorbehalten. Sie sollte geistiges Heilen durch Gebet, Handauflegen und Salbungen aufs Neue aktivieren.

1914 versuchte man erstmalig, das Wesen der Geistheilung wissenschaftlich zu erforschen, um zu entscheiden, ob diese Form der Heilung offiziell von Kirche und Medizin anerkannt werden könne. Angesichts der allgemein vorherrschenden Meinung, verwundert es nicht, daß sie abgelehnt wurde (*Spiritual Healing, Report of a Clerical and Medical Committee of Inquiry into Spiritual, Faith and Mental Healing,* Macmillan, 1914). Die Arbeit des 1953 von den Erzbischöfen von Canterbury und York beauftragten Untersuchungsausschusses, der sich aus achtundzwanzig Abgeordneten von Kirche und medizinischer Fakultät zusammensetzte, blieb nichtssagend und ergebnislos.

Dennoch gab es Mitte der fünfziger Jahre einige fruchtbare Ansätze. 1955 wurde der überkonfessionelle" Nationalverband der Geistheiler" mit John Britnell als erstem, Gordon Turner als zweitem Vorsitzenden, sowie Harry Edwards als erstem Präsidenten gegründet.

Gordon Turner war einer der Pioniere, die sich darum bemühten, Geistheilung wissenschaftlich zu prüfen. Harry Edwards gelang es, sie sowohl durch seine Bücher als auch durch öffentliche Versammlungen einem breiten Publikum zugänglich zu machen.

Haupttriebfeder der Entstehung dieses Verbandes, und das gilt auch heute noch, war der brennende Wunsch, geistiger Heilung allgemeine Anerkennung zu verschaffen. Es ist in erster Linie ihr und dem jüngeren Zusammenschluß der Heilerorganisationen zu verdanken, daß die öffentliche Meinung sich bis zu einem gewissen Ausmaß wandelte. Das Pendel schwingt. Der moderne Mensch hat sich von seinen spirituellen Wurzeln weit entfernt, und seine mechanistische Weltanschauung setzte ihm Scheuklappen auf; er entdeckte, wie er die Erde zerstören kann. Allmählich besinnt er sich wieder auf seinen geistigen Hintergrund und betrachtet das Leben von beiden Seiten, der rationalen und irrationalen, spirituellen und physischen sowie der logischen und emotionalen.

Sowohl Kirche als auch Schulmedizin stehen heute auf dem Standpunkt, „wenn wir den Gegner nicht schlagen können, dann müssen wir uns mit ihm zusammentun". Die Kirche entdeckt wieder das Heilamt Christi; selbst ihre Institutionen akzeptieren die Geistheilung und betrachten sie nicht länger als Betätigungsfeld zweifelhafter Therapeuten.(Dies bezieht sich auf Großbritannien. Anm. d.Hrsg.) Überall im Lande errichteten sie ihre eigenen Heilzentren. Die Erzbischöfe von Canterbury und York ernannten Bischof Morris Maddocks zum Berater des Ministeriums für Gesundheit. Innnerhalb der medizinischen Fakultät ist

Geistheilung eine der wenigen, vom Nationalen Gesundheitsamt anerkannten 'alternativen' Therapien. Krankenhauspatienten können z.B. um geistige Heilbehandlung bitten; Heiler sind in den Hospitälern stets willkommen. Zwei Londoner Lehrkrankenhäuser — St. Stephen in Fulham und St. Mary in Paddington — bieten sie sogar ihren AIDS-Patienten an. Eine 'Einsatzgruppe' von Heilern steht rund um die Uhr in Bereitschaft.

Der Ärztestand freundet sich sichtlich mit der holistischen Denkungsweise an, die Körper, Geist und Seele als Einheit betrachtet. Wie die Bildung der "British Holistic Association" zeigt, wird sie in zunehmendem Maße akzeptiert. Doch die begeisterte bzw. ablehnende Haltung der einzelnen Ärzte variiert sehr stark, da sie mehr von persönlicher Neigung als von gesundem Menschenverstand und beruflicher Erfahrung geprägt wird.

Eine kürzliche Umfrage im Gebiet von Avon ergab, daß ein Fünftel (18%) der Ärzte ihre Patienten auf die Möglichkeit geistiger Behandlung aufmerksam machten (Dr. Richard Wharton und Dr. Georg Lewith, "Survey on Complementary Medicine and General Practitioner", *British Medical Journal 7* Juni, 1986). Die große Mehrheit allerdings läßt die Frage offen. Jene 'Empfehlungen' erfolgen jedoch aus recht unterschiedlichen Beweggründen — der begeisterten Bejahung einer Alternativbehandlung oder aber einer gewissen Verzweiflung, da alles andere fehlschlug. Es kann auch ganz einfach der Gedanke dahinterstehen: „Versuchen Sie es doch, Sie haben ja nichts zu verlieren."

Erst in den letzten zehn Jahren hat das "General Medical Council" seine harten Maßnahmen gegen Ärzte gelockert, die ihre Patienten an Heiler und andere nicht medizinisch qualifizierte Therapeuten verwiesen. Noch vor zehn Jahren konnte jeder Arzt, der diesem strengen Gesetz zuwiderhandelte, seine Stellung verlieren. Alte Gewohnheiten sterben im allgemeinen nicht so leicht aus; es ist daher verwunderlich, daß laut Umfrage in Avon tatsächlich so häufig ein Heiler miteinbezogen wird. Sehr wahrscheinlich hat die unmittelbare Nähe des "Bristol Cancer Help Centre", das der holistischen Heilweise sehr positiv gegenübersteht, den ortsansässigen Ärzten bewußt gemacht, daß Geistheilung den Menschen helfen kann.

Doch Avon ist nicht allein richtungsweisend. Das "Barnet Family Practitioner Committee" genehmigte den Ärzten, ihre Patienten über die Möglichkeiten einer geistigen Behandlung zu informieren. Andere Hausärztekommittees und Bezirksgesundheitsabgeordnete mögen diesem Beispiel folgen. Einige Ärzte teilen bereits ihr Sprechzimmer mit Heilern. Dr. Patrick Hickey aus Newquay war einer der ersten, der einen Teil seiner Praxis Geistheilern und anderen Alternativtherapeuten zur Verfügung stellte. Drei von sechs Ärzten einer Gemeinschaftspraxis in Sussex arbeiten eng zusammen mit Heilern (*Here's Health*, April 1987). In der kürzlich eröffneten NHS Praxis in St. Marylebone Church kann der Patient neben konventionellen Behandlungsmethoden um Geistheilung bitten. Einige Ärzte sind selbst Heiler. Die Umfrage in Avon ergab, daß 7% geistig behandeln, 40% der einhundertfünfundvierzig Befragten hielten diese Behandlungsmethode für sehr wirkungsvoll.

Es wird die kommende Ärztegeneration sein, welche die zukünftige Einstellung zur Geistheilung gestaltet. Doch die bisherigen Anzeichen sind durchaus ermutigend. Etwa 70-80% der in der Ausbildung stehenden Ärzte wollen zumindest eine der alternativen Techniken erlernen (*Which?*, Consumers Association, 31, August 1981). Geistheilung ist eine einfache Technik, und es bleibt daher die Hoffnung, daß immer mehr Ärzte zur alten Heilweise zurückkehren.

Kapitel 14

Gegenwärtige Einstellung zum geistigen Heilen

Seltsame Dinge geschehen. Wie die vorangegangenen Kapitel zeigten, ändern sich die Ansichten über Geistheilung sprunghaft und aufsehenerregend – sie ändern sich so grundlegend, daß man den Überblick verliert, wo es hinführen soll. Die Grenzen der scharfen, eindeutig definierten Trennung von Körper und Geist verwischen, überraschende Änderungen in religiösen und medizinischen Kreisen sind das Ergebnis. Ärzte erkennen wieder den geistigen Hintergrund ihrer Arbeit, und der Klerus läßt den Heilaspekt seines Amtes wiederaufleben. Gleichzeitig werden Brücken zwischen Ärzten, Klerus und Heilern geschlagen. Dennis Duncan, der Direktor des "Kirchenrates für Gesundheit und Heilwesen", formulierte diesen Sinneswandel sehr treffend, als er äußerte: „Die Kirche hämmert nicht mehr mit einem Gefühl von Hoffnungslosigkeit gegen die verschlossenen Türen der Medizin, diese Tore beginnen, sich weit zu öffnen."
Die allgemeine Rückbesinnung auf eine spirituellere Lebensweise hat unter anderem zur Folge, daß sich immer mehr Menschen der christlichen bzw. anderen geistigen Lehren zuwenden. Ursache und Auswirkung dieser neuen Richtung ist schwierig zu erklären. Noch vor dreißig Jahren litt die Kirche unter dem Rückgang ihrer Gemeinden und der allgemeinen Beschwerde,

sie stehe in keinerlei sinnvollem Zusammenhang mit dem Alltag. Doch irgendetwas muß das Blatt gewendet haben, Kirche ist wieder modern. Ob Zufall oder Anlaß zur Klage, es steht fest, daß das Heilamt wieder in den Vordergrund rückt und die Gemeinden anwachsen.

Seit den sechziger Jahren zeigt sich die Römisch-Katholische Kirche großzügiger. Eine der tiefgreifendsten Veränderungen war wohl die Umgestaltung der Hl. Messe. Das obligatorische Kirchenlatein wurde durch die jeweilige Landessprache ersetzt und den Priestern größere Freiheit gewährt, ihrem eigenen Gewissen zu folgen. Das Verbot, Gottesdiensten anderer Konfessionen beizuwohnen, wurde aufgehoben, und ein Katholik muß z.B. nicht mehr den zuständigen Bischof um Erlaubnis bitten, einer nicht katholischen Trauung beizuwohnen.

Es gibt zahlreiche weitere Anzeichen dafür, daß die Römisch-Katholische-Kirche darauf vorbereitet ist, flexibler zu werden. Eine zu starke Betonung geistigen Heilens außerhalb ihres Bereiches sieht sie allerdings immer noch mit Widerwillen. Ein Priester sagte dazu: „Die Kirche hat sich nicht eindeutig festgelegt. Sie beobachtet und ist sich im Unklaren darüber, ob sie dafür oder dagegen sein soll. Sie bekennt sich nicht öffentlich zur Geistheilung, verdammt sie aber auch nicht, denn damit würde sie die Wunder von Lourdes und anderen Orten abwerten." Interessanterweise ähnelt diese Einstellung sehr stark der jüdischen Ansicht über geistiges Heilen. Ivan Kayes, Vorsitzender der "Jüdischen Vereinigung für Geistheiler", erklärt: „Von offizieller Seite her zögert man, etwas zu sagen, aber es

gibt Rabbiner, die geistiger Heilung sehr offen gegenüberstehen. Ich fragte unseren Rabbi nach einem
Raum, in dem regelmäßig Heilbehandlungen durchgeführt werden könnten. Seine Antwort lautete: „Mir
wäre lieber, Sie fragten nicht." Ich glaube kaum, daß er
etwas dagegen hatte; er fürchtete eher den Widerstand
gewisser Kommisions- und Kirchenmitglieder und
wollte keine Mißstimmigkeiten heraufbeschwören.
Der Rabbiner einer anderen Synagoge, in der wir einen ähnlichen Vortrag hielten, war selbst geistig behandelt worden. Es scheint persönliche Ansichtssache zu
sein."

Viele Katholiken sähen es gerne, wenn die Kirche ihr
Heilamt wieder stärker ausübte. Eileen Addley, die
durch geistige Behandlungen von ihrer Krebserkran-
kung geheilt worden war und heute selbst Heilerin ist,
sieht die Situation folgendermaßen: „Meine Kirche
würde es nie wirklich billigen; die wenigen Priester und
Nonnen, die es insgeheim gutheißen, dürfen in der Öf-
fentlichkeit nicht darüber reden. Katholiken glauben
zwar an Geistheilung, gestehen diese Gabe aber nur
Priestern und der Jungfrau Maria zu. Das macht mich
traurig. Wie gerne möchte ich mit anderen Katholiken
zusammenarbeiten, um unserer Religion ihre wahre
Bedeutung zu geben. Geistiges Heilen gibt den Lehren
der Kirche und allem, was damit zu tun hat, wirklichen
Sinn. Ich würde gerne in der Kirche unter einem ver-
ständnisvollen Priester arbeiten. Katholiken lieben es,
unter sich zu sein, und ich glaube, es kämen dann mehr
Menschen auf mich zu, als es sonst der Fall wäre." Eileen ist davon überzeugt, daß ihre Gebete durch die
empfangene Geistheilung beantwortet worden sind.

Eine andere Frau fühlte das gleiche. Doch wegen ihrer Religion (sie ist Hindu), den Freunden und der Familie möchte sie anonym bleiben. Sie sagt: „Gott ist stets anwesend bei unseren Gebeten. Das gilt für den Hindu ebenso wie für den Christen. Gott hilft. Als ich das erste Mal einen Heiler aufsuchte, hatte ich das Gefühl, dorthin geführt worden zu sein. Mein Zustand war miserabel. Heute fühle ich mich wieder ganz gesund. Ich denke, die Menschen sollten wissen, daß sie bei einer geistigen Behandlung Liebe empfangen. Geistheilung, so glaube ich, ist ein Teilaspekt unserer Religion, es steht in einer ihrer Schriften, aber man spricht nicht darüber." Sie und Eileen machten die ganz persönliche Erfahrung, Gott unmittelbar um Führung zu bitten. Heutzutage überschatten Persönlichkeitserfahrungen und Selbstfindungsprozesse die Einstellung zu geistigem Heilen. Jene individuellen Antworten bereichern die Vielfalt der Meinungen innerhalb der einzelnen Religionen. Die Kirchenräte für Gesundheit und Heilwesen z.B. werden durch etwa dreiundzwanzig Abgeordnete vertreten, während die Römisch-Katholische sowie Pfingstkirchen als 'aktive Beobachter' tätig sind.

Diese interessante 'Beobachterstellung' der katholischen Kirche wurde von Sr. Briege McKenna, mit ihrem in den Vereinigten Staaten publizierten Buch *Miracles Do Happen*, in die Wege geleitet. Sr. Briege bereiste die ganze Welt und half Prälaten, Priestern und Mönchen, Kardinälen und Staatsmännern, so z. B. auch Präsident Jose Sarney von Brasilien, der öffentlich im Fernsehen bekannte, daß Zusammentreffen mit Sr. Briege habe sein Leben verändert.

Christentum und christliche Heiltätigkeit gingen seit

der ersten Wunderwirkung Jesu Hand in Hand; das Verhältnis zwischen Kirche und Heiltätigkeit jedoch durchlebte seither Höhen und Tiefen. So ermahnten die Jünger einen nicht christlichen Heiler, der im Namen Christi heilte und Teufel austrieb, seine Tätigkeit einzustellen. Christus aber befürwortete ihre Entscheidung nicht; er hieß den Heiler, in seiner Arbeit fortzufahren, da „nur derjenige solch große Werke vollbringt, der mir vertraut".

Canon Christopher Pilkington, Verwalter des Bristoler Krebshilfezentrums, bemerkte: „Das Wort Christus heißt wörtlich "der Gesalbte", also jener, der mit dem Geist des Höchten gesegnet ist; das schließt jeden mit ein, der in Seinem Namen heilt, sei er Hindu, Moslem oder Jude." Die Verkündigung des Wortes Gottes und die Heilung der Kranken sind eng miteinander verbunden. In der frühchristlichen Zeit handelte man danach, doch im Laufe der Jahrhunderte trat die Predigt in den Vordergrund, die Heiltätigkeit wurde vernachlässigt.

Viele Zweige der Kirche befinden sich in einem limbusähnlichen Zustand; aufgrund der vielfältigen Ansichten in ihren Reihen, können sie Geistheilung weder befürworten noch verwerfen. Einige sehen in ihr einen wesentlichen Bestandteil der Kirchenarbeit. Eine extreme Gruppe vertritt die Ansicht, Christus sei der einzige Heiler, und wahres Heilen sei mit seiner Wiederkunft verbunden. Trotz dieser Meinungsunterschiede wird die Heiltätigkeit der Kirche überall auf der Welt wieder hervorgehoben und positiv unterstützt, doch die örtliche Aktivität hängt weitgend von dem jeweiligen Geistlichen ab. So lehnte z. B. der Pfarrer einer Kirche geistiges Heilen ab, sein Nachfolger dagegen möchte gerne einen Heilzentrum errichten, zögert aber, da er als 'Neuling' in seiner Gemeinde keinen Streit entfachen will. Die St. James Kirche in Piccadilly besitzt ein erfolgreiches Heilzentrum, dessen Heiler und Patienten verschiedenen Konfessionen angehören, und in dem zwei Mediziner beratende Funktionen ausüben.

Anhang

Psychosynthetische Übung

Auszug aus *Psychosynthesis* von Roberto Assagioli
(Turnstone Press, 1975)

„Ich nehme eine bequeme und entspannte Körperhaltung ein; die Augen sind geschlossen. Dann sage ich mir: „*Ich habe* einen Körper, aber *ich bin nicht* mein Körper. Mein Körper mag in unterschiedlicher Verfassung sein, krank oder gesund; er ist ausgeruht oder ermüdet; das alles hat nichts mit mir, meinem wahren Selbst, meinem "Ich" zu tun. Mein Körper ist ein wertvolles Instrument äußerer Erfahrung und Aktivität, aber *nur* ein Instrument; ich will ihn gut pflegen; ich bemühe mich, ihn in guter Gesundheit zu halten, aber er ist nicht mein Selbst. *Ich habe* einen Körper, aber *ich bin nicht* mein Körper.
Ich habe Gefühle, aber ich bin nicht meine Gefühle. Diese Gefühle sind vielfältig, wiedersprüchlich, wechselhaft, und doch weiß ich, daß ich immer ich selbst sein werde, in Zeiten der Hoffnung oder Verzweiflung, der Freude und des Schmerzes, der Verwirrung oder innerer Ruhe. Da ich meine Gefühle beobachten kann, sie verstehen und beurteilen, um sie schließlich in zunehmendem Maße zu beherrschen, zu lenken und zu gebrauchen, besteht kein Zweifel darüber, daß sie nicht ich selbst sind.
Ich habe Gefühle, aber *ich bin nicht* meine Gefühle.

Ich *habe* Wünsche, aber *ich bin nicht* meine Wünsche, die physischen, emotionalen oder äußeren Einflüssen entsprungen sind. Auch Wünsche sind veränderlich und widersprüchlich, je nach Anziehungskraft oder Abneigung. *Ich habe* Wünsche, aber sie *sind nicht* ich selbst.

Ich *besitze* einen Verstand, aber *ich bin nicht* mein Verstand. Er ist mehr oder weniger entwickelt und aktiv; er ist undiszipliniert aber belehrbar; er ist Instrument unserer Kenntnis von äußerer und innerer Welt; aber er *ist nicht ich selbst.* Ich *besitze* einen Verstand, aber *ich bin nicht* mein Verstand."

An diesem Punkt schlägt Assagioli vor, das von allem losgelöste Selbst zu bestärken, um das Zentrum reinen Selbst-Bewußtseins zu erreichen. (Ich persönlich möchte es "Geist" nennen.)

Nützliche Adressen

Wenn dieses Buch Ihr Interesse geweckt hat, und sie Einzelheiten über Geistheilung wissen möchten, dann wenden Sie sich an Menschen, die über dieses Gebiet gut informiert sind.

Naturwarenläden hängen oft Anzeigen in ihr Schaufenster, und ihre Angestellten können Ihnen meistens den rechten Weg weisen, wenn Sie direkte Hilfe brauchen; das gleiche gilt für Naturheilzentren. Nationale Organisationen verfügen im allgemeinen über landes- ja sogar weltweite Kontaktadressen. Folgende Anschriften könnten Ihnen weiterhelfen:

The National Federation of Spiritual Healers,
Old Manor Farm Studio,
Church Street,
Sunbury-on-Thames,
Middlesex
(*Telephone:* 09327 83164)

Diese nicht konfessionelle Organisation umfaßt ein weltweites Heilernetz. Sie bietet unter anderem auch Schulungskurse an.

The Churches' Council for Health and Healing,
St Marylebone Parish Church,
Marylebone Road,
London NW1 5LT
(*Telephone:* 01-486 9644)

Eine gute Informationsquelle für christlich orientierte Geistheilung, da der Verband die kirchliche Heiltätigkeit koordiniert. Er besteht aus dreiundzwanzig konfessionellen Mitgliedern sowie medizinischen Kollegen, Heilerinnungen und Organisationen Krankenhausgeistlicher.

St James's Church,
A Centre for Health and Healing,
197 Piccadilly,
London W1V 9LS
(*Telephone:* 01-734 4511)

The Association of Therapeutic Healers,
Suite 51,
67-69 Chancery Lane,
London WC2A 1AF
(*Telephone:* 01-831 9377)

College of Healing,
Runnings Park,
Croft Bank,
West Malvern,
Worcestershire WR14 4BP
(*Telephone:* 06845 65253)

The Jewish Association of Spiritual Healers,
10 Wollaton Road,
Ferndown,
Bournemouth
Dorset
(*Telephone:* 0202 876503)

Confederation of Healing Organizations,
113 Hampstead Way,
London NW11
(*Telephone:* 01-456 2638)

Diese Dachorganisation umfaßt vierzehn Heilver-
bände in Großbritannien und wird durch siebentau-
send Heiler vertreten. Ihr Hauptanliegen ist es, der
Geistheilung wissenschaftliche Geltung zu verschaffen
und sie dem Nationalen Gesundheitsdienst als zusätzliche Therapie zugänglich zu machen.

The Sufi Healing Order,
10 Beauchamp Avenue
Leamington Spa
Warwickshire
CV32 5TA
(*Telephone:* 0926 22388)

The Radionic Association,
16a North Bar,
Banbury,
Oxfordshire OX16 OTF
(*Telephone:* 0295 3183)

The Radiance Centre,
28b England's Lane,
London NW3 4YA,
(*Telephone:* 01-586 2980)

Spiritualist Association,
33 Belgrave Square,
London SW1
(*Telephone:* 01-235 3351)

Westbank Healing and Teaching Centre,
Strathmiglo,
Cupar,
Fife KY14 7QP
(*Telephone:* 03376 233)

The White Eagle Lodge,
New Lands,
Brewells Lane,
Rake,
Liss,
Hampshire GU33 7HY
(*Telephone:* 0739 893300)

World Federation of Healing,
21b Chadwyn Road,
Putney,
London SW15 1JY
(*Telephone:* 01-785 7391)

Guild of Spiritualist Healers,
36 Newmarket,
Otley,
West Yorkshire LS21 3AE
(*Telephone:* 0535 681974)

Amerikanische Heiler-Organisation

American Spiritual Healing Association,
PO Box 23006,
L'Enfant Plaza,
Washington D. C. 20024

Heiler-Organisationen in Deutschland

Gemeinschaft für geistige Entfaltung
Postfach 700764
8000 München 70

Heilungssekretariat der WHITE EAGLE
Gemeinschaft in Deutschland
Annemarie Libera
Friedenstr. 23a
8034 Germering

WHITE EAGLE Heilungsgruppe

White Eagle Kontakt
Günter W. Hintz
Auf den Schlag 18
5227 Windeck-Opperzau
(*Telefon:* 02682/1320)

Dora Kunz

Die verborgenen Quellen der Heilung

Ähnlich wie in der Physik am Anfang des 20.Jahrhunderts, bahnt sich in der Medizin seit einigen Jahren ein revolutionierender Umdenkungsprozeß an. Das Menschenbild einer materialistischen Epoche wandelt sich, um einer ganzheitlichen (holographischen) Anschauung Raum zu geben. Der Patient wird in seiner in sich verwobenen Dreiheit von Körper, Seele und Geist gewürdigt.

Vor dem Hintergrund dieses Paradigmenwechsels vollzieht sich die kreative Entfaltung neuer Diagnose- und Therapiemöglichkeiten. Bisher „verborgene Quellen" beginnen zu sprudeln, setzen vielfältige neue Heilungsströme frei. Der besondere Wert dieses wegweisenden Sachbuches besteht in seiner Vielfalt. Es zeigt dem einzelnen Wege zur Selbstheilung auf und gibt dem Therapeuten eine Fülle an Indikatoren in die Hand, die ihm eine erfolgreiche Behandlung, zum Heil des Patienten, ermöglichen.

Von herausragender Bedeutung ist eine detaillierte Analyse des Phänomens „Depression" aus esoterischer Sicht, wobei sowohl die innerseelischen Faktoren wie auch die Einflüsse der Umwelt (Energiefelder) analysiert und präzise Anweisungen zur Heilung gegeben werden.

Die Autorin und Herausgeberin, selbst seit Kindheit mit innerer Wahrnehmung begabt, erstellt erstmals ein vollständiges Mosaik eines neuen „Heilungskosmos", der das medizinische Weltbild bis ins nächste Jahrtausend bestimmen wird. Das mit großer Sorgfalt zusammengestellte Werk von Dora Kunz dürfte die „neuen Heilweisen" auf dem derzeit höchstmöglichen Niveau präsentieren.

ISBN 3-922936-62-8

JANET MACRAE –

Therapeutic Touch
Kontaktheilung – Die heilende Berührung

Die uralte Praxis des Handauflegens erlebt seit einigen Jahren eine außerordentliche Renaissance. In einer Zeit der Pillen- und Spritzen-Schwemme, die den Menschen nicht gesünder macht, kommt der Neubelebung der sanften Heilweise große Bedeutung zu. Der Mensch muß wieder in seiner Ganzheit gesehen werden, nicht nur in seiner begrenzten Körperlichkeit.

THERAPEUTIC TOUCH, die amerikanische Form der Geistheilung, hat das uralte Heilwissen in einem neuen Kozept zusammengefaßt. Einfache und sehr praktische Übungen, die von jedermann helfend durchgeführt werden können, erklärt Janet Macrae auf einleuchtende Weise. Besondere Beachtung legt sie auf die Reaktivierung des menschlichen Energiekörpers und der Auflösung von Verspannungen.

Dieses Arbeitsbuch ist ebenso einfach wie hilfreich und wird sich als segensreicher Ratgeber für den Alltag erweisen!

ISBN 3-922936-74-1

ANDREW WATSON/NEVILL DRURY

Sphärenharmonien

Musik zur Heilung und Meditation

Schon in der Mysterienschule des Pythagoras wußte man um die geheimnisvolle Wirkung der Töne und Klangharmonien. Die Musik spiegelte in ihrer Schönheit das Ganze der Schöpfung, den Makrokosmos. Sie drückte in ihrem Wohlklang die Harmonie der Sphären aus.

Mit dem Erwachen eines neuen Bewußtseins geht in der abendländischen Kultur die Entdeckung einer neuen Musik einher – der Sphärenmusik. Zauberhafte Klänge voller Zärtlichkeit und Wärme werden geboren, künden von fernen Welten und geistiger Schönheit. Eine Musik, die entspannt und beruhigt, die heilsam auf Seele und Körper wirkt.

Der vorliegende Führer durch die Welt der Sphärenmusik zeichnet sich durch zweierlei aus: Zum einen gibt er einen fundierten Überblick über die „New Age Music", ihre Möglichkeiten und Anwendungsgebiete (vor allem im heilerischen und therapeutischen Bereich), und zum anderen bietet er einen hervorragenden Überblick über die wichtigsten Produktionen, mit ausführlicher Beschreibung der einzelnen Musikwerke.

Das Handbuch für alle Freunde und Liebhaber der Sphärenmusik!

ISBN 3-922936-75-X

WHITE EAGLE

Das große White Eagle Heilungsbuch

Mit diesem lang erwarteten Werk liegen endlich die beiden wichtigsten Veröffentlichungen der White Eagle
Loge zum Thema „Heilung" vor. Der erste Teil des Buches enthält die Lehren White Eagles über die Gesetz-
mäßigkeiten, die zur Aufrechterhaltung einer inneren
und äußeren Gesundheit beachtet werden müssen. In
klaren Worten weist White Eagle die Ursachen nach, die
zur Erkrankung führen und zeigt den Weg zur Umkehr
auf. Jeder Mensch kann sein eigener Helfer sein, wenn
er die großen kosmischen Gesetze zur Anwendung
bringt und dadurch in sich selbst wieder „heil" wird.

Der umfangreiche zweite Teil (verfaßt von Joan Hodgson)
des „Heilungsbuches" wird sich als unentbehrlich für
den Praktiker erweisen. In ihm werden bis ins Detail die
Geschehnisse beim geistigen Heilen erklärt. White
Eagle beschreibt die notwendigen Einstimmungsübun-
gen; gibt Hinweise über die geeignete Auswahl des eigenen Heilungs-Sanktuariums; empfiehlt bestimmte
Heilungs-Meditationen und Gebete und offenbart das
wundervolle Wirken der Engel der Heilung.

Ein Buch, das man immer wieder als Ratgeber zur
Hand nehmen kann. Ein zukünftiges Standardwerk
über geistiges Heilen!

ISBN 3-922936-41-5